Un sueño
para Daniel

Un sueño para Daniel

El Comboni College de Jartum

Jorge Naranjo Alcaide

editorial

MUNDO
NEGRO

El **P. Jorge Carlos Naranjo Alcaide** nació en Madrid (España) en 1974. Sacerdote comboniano, trabaja en Sudán desde 2008. Doctor en Gestión de la Calidad Educativa por la Sudan University of Science and Technology de Jartum (Sudán) y máster en Dirección y Gestión de Calidad de Centros Educativos por la Universidad Francisco de Vitoria, ha realizado también estudios en Ciencias Físicas, Filosofía, Pedagogía, Teología y Ciencias Islámicas. Desde 2012 dirige el Comboni College of Science and Technology (CCST) en la capital sudanesa.

© Editorial Mundo Negro, 2024
C/ Arturo Soria, 101. 28043 Madrid
Tel.: 91 415 24 12
E-mail: edimune@combonianos.com
www.edimune.com

© Jorge Naranjo Alcaide, mccj, 2024

Corrección de estilo y ortotipográfica: *Javier Fariñas Martín*
Diseño y maquetación: *José Luis Silván*

ISBN: 978-84-7295-293-5
Depósito legal: M-24900-2024
Imprime: Gráficas Dehon
Impreso en España - Printed in Spain

Índice

Introducción

El Comboni College es y ha sido una institución educativa de características únicas en la historia de los Misioneros Combonianos y en la de un país de mayoría islámica como Sudán. La narración sigue el hilo conductor marcado por la preparación, fundación y desarrollo de este laboratorio de convivencia interreligiosa y motor de desarrollo sostenible, para abrazar la obra educativa comboniana en lo que hoy es la República de Sudán. El lector observará que la primera mitad del texto se narra en tercera persona, mientras que en la segunda, en la que el autor del libro se convierte en testigo directo y actor activo de lo que allí se cuenta, opta por el relato en primera persona.

El pedagogo encontrará en *Un sueño para Comboni* elementos de reflexión sobre el impacto que el contexto puede tener sobre la acción educativa y la comprensión del mismo concepto de educación en tensión dialéctica entre los valores propios de un modelo islamizador-arabizador y de otro basado en la tradición cristiana. Esta tensión suscita la pregunta de cuál debe ser el objetivo de la acción educativa.

El especialista en pedagogía diferencial, por su parte, lo hará en una experiencia educativa concreta de integración de las diversidades culturales, sociales y étnicas.

El historiador, a su vez, se detendrá en el testimonio de los eventos que han marcado la historia del país.

El misionólogo, mientras tanto, focalizará su atención en una experiencia concreta de anuncio del Evangelio, a través de la educación, en un contexto de mayoría islámica.

El lector creyente, por su parte, leerá el testimonio de dedicación y amor de decenas de misioneros, misioneras y laicos que han dado su vida para educar a generaciones de jóvenes, a través de casi un siglo, en medio de continuos vaivenes y grandes presiones políticas.

El alumnado de las escuelas de las que aquí se habla verá en este proyecto un instrumento para revivir experiencias del pasado y agradecer a Dios por su cuidado en medio de inmensos conflictos.

Con este libro hemos intentando cultivar el complejo arte de tener en mente a todos estos lectores que, por diferentes motivos, se pueden interesar por su lectura.

Capítulo 1

UNA OBRA EDUCATIVA

Las escuelas de la Iglesia católica en Sudán son conocidas popularmente como «escuelas Comboni». Tal fue el impacto de la obra educativa del misionero Daniel Comboni (1831-1881) en el imaginario colectivo sudanés que se le considera fundador de todas ellas. Sin embargo, Comboni no fue el responsable de la primera que abrió sus puertas en Jartum en 1842, sino otro sacerdote italiano de la congregación de los Lazaristas[1] llamado Luigi Montuori.

Este misionero había llegado allí huyendo de Etiopía en 1842. El cónsul belga en Jartum obtuvo del gobernador general de Sudán, Ahmed Pasha Abu Widan, el permiso para construir una iglesia, una escuela y para comprar un terreno destinado a cementerio cristiano al sur de la ciudad.

En ese momento, Jartum tenía unos 13 000 habitantes y seguía en pleno desarrollo. Lo que en su momento no era más que un poblado de casas de paja fue elegido,

---

[1] La Congregación de la Misión es una sociedad católica romana de vida apostólica de sacerdotes y hermanos fundada por san Vicente de Paúl en 1633. En Francia y en la mayoría de los países sus miembros son conocidos como lazaristas; en la provincia de Irlanda, que incluye a casi todos los países de habla inglesa, excepto Estados Unidos, vicencianos; y en los países de habla hispana, paúles. (N. del A.). [Todos los comentarios que aparecen en este trabajo deben considerarse como notas del autor].

en 1824, capital administrativa de los territorios egipcios del Sudán recién anexionados por Mohamed Ali.

Los alumnos de esta primera escuela católica eran hijos de esclavos liberados y de algunos europeos que habían nacido allí. Además de a leer y escribir, aprendían el Evangelio en una gran choza de madera y barro. Montuori trataba de preparar de esta manera catequistas locales. El misionero italiano dejó Sudán en 1844 para volver a Etiopía después de haber confiado la misión de Jartum a otro lazarista, el P. Serao, quien, a su vez, también salió de allí entre la primavera y el otoño de 1845.

El papa Gregorio XVI erigió Jartum como sede del Vicariato de África Central en 1846 por su posición estratégica –en la confluencia del Nilo Azul y el Nilo Blanco–, pues podía convertirse en una excelente plataforma desde la que abrir nuevas misiones a lo largo de este último río hasta sus fuentes en las legendarias montañas de la Luna, así como en la parte occidental y suroccidental del moderno Sudán. Al mismo tiempo, era factible llegar a esta ciudad desde Europa remontando el Nilo, lo cual era relevante si tenemos en cuenta que no existían buenos mapas del interior del continente africano. Los límites de este territorio eclesiástico no estaban bien definidos por la misma razón. El Vicariato incluía tierras que actualmente pertenecen a Sudán, Sudán del Sur, Uganda, Kenia, Tanzania, Chad, la República Centroafricana, Níger, Ruanda y Burundi.

El segundo provicario apostólico de Jartum, Maximilian Ryllo, compró el terreno[2] y reabrió allí, en

---

[2]   La sede del actual Consejo de Ministros sudanés se encuentra en este terreno.

1848, la escuela de Montuori para niños negros a los que la misión rescataba del mercado de esclavos. En un segundo momento, los estudiantes también eran coptos y europeos. Estudiaban escritura y lectura, matemáticas, música, trabajo manual, árabe, francés e italiano. En 1850, ya bajo la administración del sucesor de Ryllo, el P. Ignaz Knoblecher, la escuela, que acogía a unos 20 niños, contaba con una habitación en el único edificio de piedra de esa época en Jartum. El geógrafo alemán Carl Ritter definió la visión y misión de esa escuela con algunos trazos que Daniel Comboni incluiría más adelante en el *Plan para la Regeneración de África*:

> la misión católica pretendía establecer en Jartum una escuela y un internado para niños de diferentes tribus negras. Además de las asignaturas habituales, se les enseñaría agricultura y artesanía. Después de su formación regresarían a sus tribus y se convertirían en los instructores de su propio pueblo.

Otro aspecto ya presente en esta escuela que también aparecerá como principio básico del *Plan* es que estos centros no fueron concebidos solo como lugares donde los misioneros europeos enseñaran a los alumnos africanos. Knoblecher y sus compañeros debían aprender de los africanos su idioma y cultura.

En 1853, el encargado de la escuela era un sacerdote esloveno, P. Mateo Milharcic. Contaban ya con 40 niños. Ese mismo año se inició la construcción del gran edificio de la misión. El director de las obras fue Pietro Agati, quien introdujo en el país la técnica de la cocción de los ladrillos. Los trabajos finalizaron en 1856 e incluyeron una escuela que contaba ya con más de 100 alumnos. El currículo incluía matemáticas, canto y dibujo.

La escuela, de carácter profesional e inicialmente masculina –las niñas serían admitidas más tarde–, atrajo la atención de la ciudad y de sus visitantes. Muchos de sus alumnos encontraron empleo en los talleres del Gobierno con facilidad. Además, se fueron agregando otras secciones: comercio, carpintería, soldadura, sastrería y fabricación de calzado.

Merece la pena mencionar la relevancia de esta iniciativa en un contexto en el que el Gobierno colonial turco-egipcio abrió en Jartum la primera escuela primaria en 1853. Cerrada apenas nueve meses después, fue reabierta en 1863 durante el reinado en Egipto del *jedive* Ismail, nieto de Mohamed Ali, quien creó dos escuelas para niños sudaneses en 1868, una en Berber y otra en Dongola.

Las autoridades turco-egipcias abrieron otras cinco escuelas gubernamentales en diferentes localidades del norte de Sudán y algunas nuevas escuelas coránicas[3], que se sumaron a las ya existentes, antes de la revolución del Al-Mahdi. En estas, además del Corán y jurisprudencia islámica, los alumnos estudiaban lengua árabe y aritmética básica.

---

[3]   *Halwa* (*ḥalāwī*, en plural), en árabe sudanés.

Las fuentes de una visión

Daniel Comboni fue un sacerdote italiano nacido en un pequeño pueblo del norte del país llamado Limone sul Garda en 1831. La región estaba bajo administración austriaca y, por lo tanto, contaba con un buen servicio de educación primaria. Esta era obligatoria en el Imperio austriaco desde 1774. La emperatriz María Teresa, que gobernaba sobre checos, alemanes, italianos, croatas, eslovenos, húngaros, polacos y eslovacos, entre otros, decidió que aquella formación se impartiera en la lengua que se hablara en cada municipio.

Aunque provenía de una familia humilde, Comboni disfrutó de la oportunidad de continuar sus estudios al ser admitido en el Colegio San Carlo de Verona, un centro educativo dependiente del Instituto Don Mazza.

En esta institución se educaba a jóvenes ricos en inteligencia y virtudes, pero pobres en medios económicos. Uno de sus graduados, Angelo Vinco, fue ordenado sacerdote y viajó a Sudán en 1847 con Mons. Maximilian Ryllo y con su sucesor como responsable del Vicariato de África Central, Mons. Ignaz Knoblecher. Cuando el P. Vinco regresó a Verona en 1849, inculcó en los alumnos del Mazza el deseo de ir a un continente cuyo interior era desconocido para los europeos de la época. Uno de ellos era Daniel Comboni, quien el 6 de enero de 1849 hizo voto de consagrar su vida entera al apostolado de África Central.

El Instituto comenzó a acoger a estudiantes africanos a partir de 1851 con la idea de formarlos para ser promotores del desarrollo y de la evangelización de sus lugares de origen. Tres años después, en 1854, Comboni fue ordenado sacerdote. Como director espiritual en el Instituto Mazza, tuvo la oportunidad de conocerlos en profundidad. A través de su servicio como guía espiritual, pudo ir más allá de los estereotipos que los europeos de su tiempo tenían en relación a los africanos.

En 1857, don Mazza organizó una expedición misionera a Sudán compuesta por seis miembros de su instituto, cinco sacerdotes y un artesano. Daniel Comboni fue uno de ellos. Tres no volvieron a Italia: murieron en Sudán.

El 4 de septiembre de 1861, Propaganda Fide encomendó el Vicariato de África Central a la Orden Franciscana, pero la muerte de 23 de sus miembros en los primeros meses de presencia en la región llevó a su superior general a decidir el abandono de esta misión. Entre 1848 y 1862, el Vicariato se convirtió en la tumba de 57 sacerdotes y numerosos misioneros laicos que sucumbieron al clima de la región y a las enfermedades tropicales. Por este motivo, el Vaticano decidió suspender la erección del Vicariato en 1867. A pesar de esto, un misionero franciscano, el P. Pfeifer, y un hermano laico permanecieron en Jartum durante nueve años, tras los cuales fueron reemplazados por dos frailes de la misma orden, Stadel-Meyer y Schlatter. Cuando la Santa Sede decidió nombrar provicario apostólico del África Central a Daniel Comboni en 1872 con vistas a reanudar las actividades del Vicariato, el italiano no tuvo que empezar de cero.

Después de conocer a varios exploradores y misioneros, Comboni analizó los errores cometidos durante los intentos de aproximación a África Central. En 1864 terminó la primera edición de su *Plan para la Regeneración de África*, que fue actualizado varias veces. En la versión de 1871, Comboni distingue su manera de mirar a África de la de las potencias europeas, que estaban a punto de iniciar la colonización del continente:

> El católico, acostumbrado a juzgar las cosas con la luz que le viene de lo alto, miró a África no a través del miserable prisma de los intereses humanos, sino al puro rayo de su fe; y descubrió allí una miríada infinita de hermanos pertenecientes a su misma familia, por tener con ellos un Padre común arriba en el cielo.

En su estudio de los intentos anteriores de evangelización en África, el misionero italiano subrayó la ineficacia y la inconveniencia de llevar africanos a Europa para formarlos, pues muchos perecían o se acomodaban a la vida europea. En cambio, proponía situar la base de operaciones de la misión en lugares donde «el africano vive y no cambia, y el europeo trabaja y no sucumbe», con el fin de regenerar África a través de los africanos.

Daniel Comboni propuso crear institutos para ambos sexos alrededor del continente donde los jóvenes africanos fueran educados tanto en la «religión católica como en la civilización cristiana».

Comboni fue un hombre de su tiempo e hijo de una Iglesia que estaba cronológicamente todavía muy lejos del concilio Vaticano II. Aunque considerara que los africanos no debían cambiar, sí pensaba que la religión católica era condición necesaria para la salvación eterna de la persona. De hecho, en la mentalidad de la época había una convicción creciente de que la actividad misionera era urgente como un imperativo que emanaba del amor del corazón de Jesús, y que debía conducir a la «expansión del reino de Cristo», como escribió el papa Gregorio XVI en su breve *Ex debito pastoralis.*

Estas motivaciones religiosas surgían en un contexto en el que en Europa se difundían ideas liberales y humanistas que proclamaban los derechos universales del hombre y la lucha contra la esclavitud. En consecuencia, también los africanos tenían derecho a la salvación eterna y a la libertad. En su *Plan*, Daniel Comboni describía los objetivos a los que apuntaría la educación de los africanos en sus institutos:

> (...) infundir en su alma y hacer que arraiguen en ella el espíritu de Jesucristo, la integridad en las costumbres, la firmeza en la fe, las reglas de la moral cristiana, el conocimiento del Catecismo católico y los primeros rudimentos del saber humano de primera necesidad. Además de esto, cada uno de los varones será instruido en la ciencia práctica de la agricultura y en una o más artes de primera necesidad; del mismo modo, cada mujer será instruida en las labores domésticas de primera necesidad. Y esto a fin de que los primeros se conviertan en hombres honrados y virtuosos, útiles y activos, y las segundas lleguen a ser, por su parte, virtuosas y hábiles mujeres de familia.

De estos hombres formados, algunos serán catequistas, maestros, «agricultores, médicos, flebotomistas, enfermeros, farmacéuticos, carpinteros, sastres, curtidores, herreros, albañiles, zapateros» y comerciantes que elevarán la condición del continente En cuanto a las mujeres, planea dos niveles de formación:

1. De instructoras, a las que se formará lo mejor posible en la religión y en la moral católica, a fin de que difundan sus reglas y su práctica en la sociedad femenina africana, de la cual, como entre nosotros, depende absolutamente la regeneración de la gran familia de los negros.

2. De maestras y mujeres de familia, las cuales deberán promover la instrucción femenina, en cuanto a leer, escribir, hacer cuentas, hilar, guisar, tejer, cuidar a los enfermos y ejercer todas las labores femeninas más útiles en los países de la Nigricia central.

Daniel Comboni también vio la necesidad de crear universidades e institutos de formación profesional. Para llevar a cabo este proyecto, fundó en Verona, el 1 de junio de 1867, el Instituto para las Misiones de África.

Don Nicola Mazza había fallecido dos años antes. Su sucesor, el P. Gioacchino Tomba (1819-1889), escribió el 19 de abril de 1866 al cardenal Barnabò, prefecto de Propaganda Fide, para informarle de que el Instituto San Carlos de Verona no podía continuar con la misión en África Central por falta de personal y porque sus condiciones económicas eran muy graves. El cardenal insistió al obispo de Verona, Mons. Luigi di Canossa, para que confiara la creación de un instituto para las misiones de África Central a Daniel Comboni.

Sobre la base del *Plan,* Daniel Comboni fundó en El Cairo, en 1867, dos institutos, uno de formación para africanos y otro para mujeres africanas. El primero fue encomendado a siete sacerdotes miembros del Instituto para las Misiones de Verona, y el segundo, como explica el propio Comboni, a cuatro religiosas de San José de la Aparición junto con «catorce maestras negras. Estas últimas, procedentes todas ellas del Nilo Blanco y de las tribus cercanas, llevan diez años en Europa, han sido instruidas en todas las labores femeninas y tienen la formación de las maestras de escuela de Francia».

Los objetivos de estos institutos en El Cairo eran dos: por un lado, «la educación religiosa, moral, intelectual y técnica de los africanos para que regresen a las tribus de África para ser apóstoles de la fe y de la civilización entre los pueblos africanos», como había mencionado Ritter en 1852 y como recogió Comboni en 1870; y por otro, como añadía ese mismo año, «la aclimatación de los misioneros europeos» y su formación en el estudio del «árabe, las lenguas africanas, las costumbres orientales y las costumbres de los musulmanes y un poco de medicina».

De estas palabras se extraen algunos principios que configuran la visión educativa del fundador italiano. En primer lugar, se trata de una educación orientada a la práctica donde los estudiantes experimentan lo que están estudiando desde el inicio de su aprendizaje –el propio Comboni define sus institutos cairotas como «escuelas de experiencia»–. En segundo lugar, es holística, ya que se ocupa de las dimensiones espiritual, intelectual, social y moral de la persona. También, como tercer principio, está contextualizada para las necesidades de África Central. Y, por último, respeta la libertad interior de los estudiantes para elegir el camino y el estado (catequista, sacerdote o hermana, artesano...) a la luz de sus dones y después de un diálogo personal con Dios. Sobre este asunto dejó escrito el propio Comboni: «En la elección de su estado religioso, los educadores los dejarán completamente libres para buscar consejo con Dios y su padre espiritual». Uno de los pilares de la obra educativa de Mazza que tuvo un mayor impacto en la visión de Comboni fue el lugar central que debe ocupar la libertad del ser humano.

La fe y el mundo de la época

Para comprender la visión educativa de Daniel Comboni en su contexto histórico es importante mencionar la tensión existente entre la religión y la civilización moderna en el catolicismo de la época. El sucesor de Gregorio XVI, el papa Pío IX, había emitido el 8 de diciembre de 1864 el documento *Syllabus Errorum,* que condenaba algunas corrientes filosóficas de la época como el liberalismo, el modernismo, el relativismo moral, la secularización y la emancipación política de Europa de la tradición de las monarquías católicas.

Un sacerdote y filósofo italiano, Antonio Rosmini (1797-1855), amigo íntimo de Don Nicola Mazza, mentor de Comboni, mantuvo una actitud dialogante con esas filosofías. Rosmini trató de conciliar el cristianismo con la modernidad y luchó contra el uso de la religión como arma de poder temporal. El enfoque lombardo de la educación, representado por Rosmini, consideraba que «para regenerar Italia, no bastaba la educación de la burguesía, sino que era necesaria la instrucción de todos los pueblos». Los seguidores de esta corriente se opusieron a quienes proponían una educación a la medida de la clase social y defendieron la «universalidad de la caridad». Además, implementaron planes de estudios que integraban temas científicos y religiosos.

En el aspecto educativo, las ideas de Rosmini significaban una pedagogía de la libertad, la autonomía interior y el refuerzo del carácter. De hecho, responsabilidad y libertad fueron dos palabras clave para entender el estilo educativo de don Mazza. Después de visitar su instituto, el periodista italiano A. Caperle afirmó en el diario *L'Eco del Veneto* del 18 de mayo de 1865 que un principio educativo fundamental allí era «el respeto por el alumno, que aprende así a respetarse a sí mismo y a los demás».

Un signo del impacto de estas ideas en Comboni podría ser su prólogo a las *Reglas del Instituto para las Misiones de África*, donde afirma que «deben basarse en principios generales. Si fueran demasiado detallados, la necesidad o el deseo de cambio pronto socavarían los cimientos de su estructura y se convertirían en una carga pesada e insoportable para quienes están sujetos a ellos».

Rosmini incluyó en sus obras jurídicas críticas muy fuertes contra la esclavitud en una época en la que la Iglesia católica era crítica con la trata de esclavos, pero no tanto con la institución en sí. Tiempo después, en 1888, el papa León XIII la condenaría en su encíclica *In Plurimis*. Otro aporte que pudo haber tenido impacto en la visión educativa de Comboni fue la propuesta de Giacomo Giovannetti, plasmada en 1840, de pasar de la «caridad de emergencia a la caridad del empoderamiento a través de la instrucción de las personas».

En el siglo XIX, muchos institutos o congregaciones religiosas que se fundaban en Europa se dirigían a un campo especialmente desatendido: la instrucción popular de la mujer[4]. Una de las ciudades más grandes de Italia en 1825, Turín, no tenía ninguna mujer matriculada en las escuelas de Primaria públicas. El Instituto de Daniel Comboni trasladará estos principios a la educación de los africanos y de las africanas de manera especial. El 1 de enero de 1872, Comboni fundó en Verona una congregación de hermanas llamada, en un primer momento, Instituto de las Pías Madres de la Nigrizia, hoy conocida como Misioneras Combonianas.

Ese mismo año, los esfuerzos de Comboni por reanudar la obra misionera en Sudán fueron reconocidos por el papa Pío IX, que lo nombró provicario de África Central. En 1877 recibió el nombramiento de vicario apostólico.

---

[4] Algunos ejemplos son las Hijas de la Caridad Canossianas, fundadas por Magdalena de Canossa en Verona en 1808 y presentes también en Sudán; las Hijas del Sagrado Corazón de Jesús, fundadas en Bérgamo en 1831 por santa Ignazia Verzeri y su colaborador, Giuseppe Benaglio; o las Siervas de la Caridad, fundadas en Brescia en 1840 por Maria Crocifissa di Rosa.

Otro tema controvertido en la época fue la relación entre la evangelización y la cultura occidental. En el siglo XIX había misioneros orando en lenguas locales y otros enseñando latín convencidos de que la civilización occidental era requisito anterior a la introducción de la fe. En general, como explica el académico francés Olivier Roy, «los misioneros católicos no comparten el enfoque protestante para quien la occidentalización significa ya progreso, sino que entienden la civilización dentro del marco de la fe».

Para Francis Libermann, uno de los misioneros católicos más importantes de África del oeste (1802-1852), se necesitaba un mínimo de educación occidental como condición previa para la fe. El religioso francés enfatizó que «los africanos educados no deben convertirse en una élite a expensas de los demás, sino ser cuidadosamente formados en todas las virtudes religiosas y sociales necesarias para ser útiles en solidaridad con sus semejantes». En cuanto a los misioneros, Libermann señalaba que deben «tener cuidado de no ir más allá del ámbito propio de un ministro del Evangelio». En esta línea, Comboni, cuya actividad misionera tuvo lugar antes de la Conferencia de Berlín (1885), trató de mantener la autonomía de la obra de evangelización en relación a la actividad colonial, por lo que orientaba a sus misioneros hacia el estudio de las lenguas locales. Cuando se establecieron en Dilling, sus misioneros estudiaron la lengua que hablaba la comunidad, elaboraron un diccionario y comenzaron a traducir oraciones y textos bíblicos.

Las escuelas de El Obeid, Dilling y Malbes

En 1871, las 18 mujeres sudanesas educadas en El Cairo regresaron a Sudán. Cuando Comboni abrió una escuela en El Obeid ese mismo año y otra en Jartum, estas maestras africanas se convirtieron en las docentes más capaces para catequizar y educar a la población local.

El Obeid es una ciudad situada a 425 kilómetros al suroeste de Jartum. La capital del estado de Kordofán, a 609 metros sobre el nivel del mar, tenía una ubicación estratégica como cruce de rutas comerciales que conducían a Jartum en dirección noreste; a Tur'ah al Khaḍrā', en el Nilo Blanco, al este; a Darfur y Chad al oeste; y a la región de los montes Nuba por el sur. De hecho, Comboni la describió en 1873 como «el centro de comunicación de todo el verdadero interior de África Central, y cuyo aire es mucho mejor que el de Jartum y el del Nilo Blanco». Las grandes ciudades africanas eran los centros comerciales de Al Fashir, en Darfur; Kuka, capital del imperio de Tombuctú; y Jartum.

Al Fashir era el punto de partida de las caravanas comerciales que, a través de la ruta conocida como *Darb Al Arbaeen* ('el camino de los 40 días'), se dirigían hacia Assiut (Egipto) para transportar, desde los bosques centroafricanos, marfil, goma arábiga, oro, cobre, plumas de avestruz, cuernos de rinoceronte, esclavos y madera de ébano. En el sentido contrario fluían seda, telas, papel, herramientas, utensilios metálicos y armas.

La ciudad de Kuka, ahora llamada Kukawa, está ubicada en el estado de Borno, en el noreste de Nigeria, cerca del lago Chad.

El Obeid, por su parte, estaba más poblada que la capital sudanesa y era el principal centro comercial del país, lo que incluía el provechoso tráfico de esclavos, particularmente floreciente a partir de la guerra de Secesión americana (1861-1865). En esa época el algodón estadounidense no llegaba a los mercados ingleses, lo que multiplicó el valor del algodón egipcio. Los campesinos del país norteafricano generaron en aquella época los ingresos suficientes para dejar de trabajar y poder pagar mano de obra que se encargara de las tareas del campo.

En su plan de acción para retomar las actividades del Vicariato, redactado en 1872, Comboni pensó en El Obeid como la futura residencia de la cabeza de la misión de África Central. Tres años después, el 15 de octubre de 1875, en su *Informe al Comité de Marienverein*, Comboni calificó la misión de Kordofán como «la más fecunda del Vicariato» y explicó que desde allí tenía previsto seguir hacia Darfur. Esa región había sido anexionada en 1875 por el *jedive* Ismail Ayoub Pasha al Imperio turco-egipcio, lo que allanó el camino para la apertura de nuevas misiones.

El complejo educativo abierto por Comboni en El Obeid, siguiendo el modelo de los institutos de El Cairo, incluía, además de una escuela tradicional, una escuela de agricultura, un seminario, una escuela de artes y oficios, un orfanato y un refugio para esclavos. Esta actividad, más la presencia activa de las profesoras sudanesas, llamaron la atención de los habitantes de los montes Nuba, donde habitaban numerosas tribus negras que se refugiaban del tráfico esclavista ejecutado fundamentalmente por tribus consideradas árabes como los baggaras, los danaglas y los ja'aliyyines, muchas veces con el apoyo de comerciantes europeos.

Kakum, líder tribal de Dilling, recorrió los 140 kilómetros que le separaban de El Obeid para visitar a Comboni y solicitarle la apertura de una estación misionera en su ciudad. Otros jefes comunitarios habían pedido a Kakum que convenciera a Comboni para instalarse también entre ellos.

La misión de Dilling se abrió en 1875 e incluyó una escuela a la que los líderes tribales, dando ejemplo al resto de la población, enviaron a sus hijos. La presencia misionera significaba también protección para la población local contra el tráfico de esclavos. «De hecho —escribió el propio Comboni en 1875—, desde que ha sido establecida la misión en Dilling, los baggaras no han tocado ni a un niño, ni un sembrado, salvo en un caso, cuando en un campo alejado hirieron a un agricultor, al que nosotros curamos».

En Malbes, a unos 14 kilómetros de distancia de El Obeid, Comboni fundó en 1877 una colonia que diseñó según el modelo de las reducciones jesuíticas en Paraguay con el objetivo de que las familias cristianas tuvieran un ambiente adecuado para su desarrollo. Esta incluía también escuela de agricultura y estaba dirigida por un sacerdote africano, P. Antonio Dobale, rescatado de niño de la esclavitud y educado en Verona.

El proyecto continúa

Comboni abrió la misión en Berber en noviembre de 1874 con espacios definidos para la puesta en marcha de aulas. Esta ciudad se encuentra a unos 350 kilómetros al norte de Jartum y contaba entonces con unos 30 000 habitantes, todos musulmanes excepto algunos coptos y griegos, «poquísimos católicos y gran número de esclavos negros», dejó escrito el propio Comboni.

En cuanto a Jartum, el creciente número de estudiantes exigía la ampliación de los edificios escolares. El 9 de junio de 1874, las hermanas se mudaron al nuevo edificio de ladrillo, construido en el mismo estilo que la parte más antigua del complejo. En la unión de las dos alas se encontraba la capilla, visible hasta el año 2011.

Licurgo Santoni, un oficial italiano en el servicio postal egipcio, describió la escuela misionera de Jartum el 1 de enero de 1878 en el curso de una gira de inspección en Sudán: «A los muchachos se les enseñaba, según sus aptitudes, carpintería, herrería, sastrería y fabricación de calzado por expertos especialmente traídos de Italia». Ese año, la mayoría de los 200 empleados del astillero de Jartum eran antiguos alumnos de la escuela de la misión. El número de estudiantes varones llegó a 300 y el de alumnas a 200.

Daniel Comboni murió en la actual capital de Sudán el 10 de octubre de 1881, cuando tenía 50 años, tras un extenuante viaje por los montes Nuba. Su vida, su obra y la idea principal de su *Plan*, regenerar África a través de los africanos, dejaron un profundo impacto en el país. Pero todo ello pareció quedar sepultado ese mismo año por la revolución comenzada por Mohamed Ahmed al-Mahdi. Solo la ciudad portuaria de Sawakin, ubicada en el noreste del país, a orillas del mar Rojo, no fue conquistada por el ejército mahdista. Los soldados británicos apoyaron a la guarnición egipcia y mantuvieron su control hasta el final del Estado mahdista, en 1899.

Mons. Sogaro abrió una misión católica en Sawakin en 1885. La ciudad, en ese momento, tenía un ambiente cosmopolita. Además de miembros de la comunidad beya, vivían allí ciudadanos de Egipto, Inglaterra, Grecia, Italia, Etiopía, Malta, Francia, Alemania, India y Oriente Próximo. En 1887, el P. Daniel Sorur Farim Deng, antiguo esclavo acogido por Comboni en El Obeid y bautizado por él en 1874, fue destinado como sacerdote misionero a cargo de la escuela que allí se había abierto. Este presbítero sudanés —o sursudanés, si nos atenemos a la división geográfica actual—, permaneció apenas 18 meses en esa estación misionera. Sin embargo, es muy significativa su discusión con su superior, Mons. Sogaro, sobre la línea educativa a seguir con los estudiantes musulmanes.

La escuela se abrió para niños cristianos, pero los padres de las familias musulmanas también querían que sus hijos estudiaran allí. Ante esta situación no planificada, el obispo quería que todos los alumnos de la escuela católica participaran en las lecciones de Catecismo. El P. Sorur desobedeció esta orden al considerar inapropiada la indicación de cara a fomentar un clima de confianza y respeto mutuo con las familias musulmanas de Sawakin en un país con un Gobierno fundamentalista:

> El fruto producido por nuestras escuelas es mucho, solo por haber disminuido mucho el odio empedernido que [los musulmanes] siempre tuvieron contra los cristia-

nos en general y especialmente contra los sacerdotes. Ahora, en cambio, nos ayudan en el trabajo [...]. También encontramos que el fanatismo ha disminuido entre los musulmanes más influyentes.

Capítulo 2

LA COLONIZACIÓN Y EL COMBONI COLLEGE

En 1881, Moḥammed Aḥmed bin 'Abd Allah se autoproclamó *mahdi*, es decir 'mesías', con la misión de purificar el islam y hacerlo volver a su integridad primitiva. La población sudanesa apoyó esta decisión por el resentimiento generalizado que existía hacia las políticas opresivas de los gobernantes turco-egipcios y por sus expectativas religiosas. Al-Mahdi debía instaurar el gobierno de Dios sobre la tierra.

Con relativa rapidez, Al-Mahdi conquistó la región de Kordofán. Esta era una provincia que dependía del Sultanato de Darfur antes de 1821, cuando Mohamed Ali conquistó Sudán para Egipto y pasó a tener un gobernador designado por el virrey egipcio. Los jefes de las tribus árabes que comerciaban con esclavos –había unos 27 000 registrados en Jartum– habían sido excluidos del poder y visto cómo el gobierno colonial se había hecho con el monopolio de algunas mercancías, lo que limitaba su actividad. Por tanto, la revuelta encabezada por Al-Mahdi suponía una oportunidad para derribar el sistema y recuperar privilegios. El líder sudanés llevó a cabo una exitosa campaña militar que le llevó a conquistar Dilling y, en 1883, El Obeid. La comunidad cristiana tuvo que convertirse al islam y los misioneros, que se negaron a hacerlo, fueron llevados como prisioneros. Las tropas mahdistas vencieron la resistencia del general Gordon en Jartum en 1885 e instauraron la capital del nuevo estado en Omdurman. La obra de Comboni en Sudán parecía destruida.

Fuera del país, el Instituto de las Misiones Africanas, fundado por Daniel Comboni en Verona en 1867, se convirtió en congregación religiosa el 28 de octubre de ese año bajo el nombre de Hijos del Sagrado Corazón de Jesús. La orden, conocida en algunos países de habla inglesa como Padres de Verona, daría continuidad a su trabajo[1].

En enero de 1899, después de derrotar al estado mahdista, el Ejército anglo-egipcio recuperó el control el Sudán, pero como parte de un condominio ejercido por ambos países.

Egipto fue nominalmente parte del Imperio otomano hasta 1914, fecha en la que pasó –y, por tanto, Sudán también– a serlo del británico hasta 1922. Después de la revolución egipcia de 1919, Gran Bretaña trató de minimizar el papel egipcio en el gobierno de Sudán, así como de reducir la presencia musulmana en el sur del país. La llamada Política del Sur, vigente hasta 1946, tenía como objetivo eliminar cualquier tipo de influencia islamoárabe y desarrollar las culturas locales en el sur de Sudán, «proteger a los sureños de los traficantes de esclavos del norte y concentrar los limitados recursos financieros del Gobierno en el norte, que se percibía como más "civilizado" que el sur»,

---

[1] El nombre se cambiaría a Misioneros Combonianos del Corazón de Jesús en 1979.

según Iris Seri-Hersch, profesora de la Universidad de Marsella. El Gobierno no invirtió en educación en el sur hasta 1926 y su política era la de tolerar más que fomentar la educación. Así, dejó la provisión de este servicio a instituciones como la Sociedad Misionera de la Iglesia Anglicana, los Misioneros Combonianos, la Misión Unida de Sudán de Australia y Nueva Zelanda o la Misión Presbiteriana Unida estadounidense sin ninguna inversión por su parte. Solo más tarde, el Gobierno colonial se interesó por la educación e intervino en ella a través de ayudas económicas y con la construcción de escuelas públicas como alternativa a la formación que se ofrecía en las instituciones misioneras.

En el norte de Sudán, el régimen mahdista había cerrado las escuelas misioneras y estatales y había dejado una red de 1 500 _ḫalāwī_ ('escuelas coránicas') que proporcionaban alfabetización y aprendizaje del islam a 60 000 niños. El nuevo Gobierno colonial creó una red de _kuttāb_ ('escuelas de Primaria') que debían reemplazar, a largo plazo, a las _ḫalāwī_. Esa red coexistió con escuelas egipcias, las escuelas misioneras, escuelas comunitarias y otras escuelas privadas. Mientras que el árabe y el inglés eran los medios de instrucción en los colegios del norte, las lenguas locales, el inglés y el árabe romanizado se usaban en las escuelas misioneras del sur.

Se desarrollaron, por tanto, dos sistemas educativos. Esta política y la falta de inversiones en el sur provocó que el número de alumnos de Primaria en el norte del país multiplicara por cinco al del sur, a pesar de que la población norteña era solo tres veces mayor.

En el norte, en 1948, las escuelas gubernamentales representaban el 90 % del sistema de educación primaria y apenas el 7 % en el sur.

El primer director de Educación del período colonial, James Currie (1901-1914), definió, entre las prioridades de su departamento, la creación de una «clase de artesanos nativos», difundir la educación entre las «masas del pueblo» para que comprendan «los meros elementos de la maquinaria del gobierno», así como la creación de una «pequeña clase administrativa nativa que finalmente ocupará muchos puestos gubernamentales menores».

El primer gobernador general de Sudán tras el estado mahdista, Herbert Kitchener, se dirigió al público británico para recaudar fondos de cara al establecimiento del Gordon Memorial College, la primera escuela secundaria pública sudanesa. En su discurso, pronunciado el 30 de noviembre de 1898, explicó que su país debería jugar en Sudán el papel de «un poder civilizador» que se implementaría a través de un sistema educativo «construido gradualmente». Los hijos de los líderes, los jefes de las aldeas y los jefes de distritos serían los primeros en beneficiarse de este modelo. Esta visión fue apoyada por Robert Arthur Talbot Gascoyne-Cecil, tercer marqués de Salisbury y primer ministro de Gran Bretaña.

En octubre de 1899 se permitió el regreso de los misioneros de Comboni. Se instalaron en Omdurman, donde establecieron una casa para los sacerdotes y hermanos y otra para las hermanas. Cuando el nuevo vicario apostólico, Mons. Roveggio, llegó allí en enero de 1900, abrió una escuela para niños y otra para niñas, la St. Joseph Girls' School. Constaba de jardín de infancia y los dos primeros cursos de Primaria[2].

Tres años más tarde, los misioneros abrieron una pequeña escuela para niños en el terreno donde hoy se encuentra la catedral católica de Jartum, la Catholic Mission Boys' School. El Gobierno inglés concedió a la Iglesia católica ese terreno en compensación por la apropiación del de la antigua misión que Kitchener quiso para transformar en un club de oficiales[3].

En 1903, las misioneras combonianas abrieron la St. Anne's School en el centro de Jartum. El centro comenzó con cuatro hermanas y 17 alumnos. En 1912, el número de estudiantes llegó a 162 y a 227 en 1923.

El sucesor de Mons. Rovegio, Mons. Franz Xavier Geyer, abrió una escuela mixta en Port Sudan y otra para niñas en Halfaya antes de 1905. Durante sus 20 años como vicario apostólico de Jartum (1903-1922), hizo de la escuela católica la primera prioridad de su plan para el norte, desarrollando las existentes y ampliando y elevando su calidad.

También las Iglesias anglicana y presbiteriana en Sudán hicieron una gran contribución al desarrollo de la educación de niñas y niños, respectivamente. En 1902, la anglicana Church Missionary Society abrió una escuela comunitaria copta para niñas en Jartum. A esta le siguieron otras tres en Omdurman (1905),

---

[2] El nombre de esta escuela fue cambiado a Comboni Girls' School en 1953.

[3] La parcela albergó posteriormente la sede de la *mudiria* y, tras la independencia de Sudán, del Consejo de Ministros.

Atbara (1908) y Wad Medani (1912). En todas ellas, la educación era en árabe.

En un contexto de gran escasez de oportunidades educativas, muchas familias musulmanas solicitaban que sus hijas fueran matriculadas en las escuelas de los misioneros, tanto católicos como anglicanos. Aunque los estudiantes musulmanes estaban exentos de las clases de religión cristiana, la visión educativa que recibían tenía un fundamento y una perspectiva cristianos. Estas escuelas llegaron a ser aceptadas tanto por la Administración como por la población local como contribuciones útiles a la educación y fueron consideradas pioneras en la formación de las chicas. La primera escuela intermedia gubernamental femenina no se abrió en Omdurman hasta 1940. Hubo que esperar otros cinco años para que hiciera lo propio la primera escuela secundaria pública para chicas.

Babiker Badri (1856-1954) fue un soldado mahdista que participó, en 1898, en la batalla de Omdurman contra los británicos. Durante los combates fue consciente de que la superioridad tecnológica extranjera, consecuencia de la diferencia educativa, resultó fundamental para decantar el resultado de los combates. Padre de nueve hijas y convencido de la importancia de extender esas oportunidades también a las niñas, Badri solicitó en 1904 permiso para poner en marcha una escuela para niñas en Rufa'a. De momento, solo pudo abrir una para chicos. Las autoridades, temerosas de la reacción popular que una escuela femenina pudiera causar en una zona rural, demoraron la autorización hasta 1907. Las nueve hijas de Badri y ocho vecinas fueron sus primeras alumnas[4].

Hasta que llegó ese momento, el antiguo soldado mahdista matriculó en 1902 a una de sus hijas en una escuela abierta por los cristianos coptos. En opinión de Badri, las escuelas coránicas no ayudaban a desarrollar todo el potencial del pueblo sudanés ni a promover el progreso que les debería permitir alcanzar los niveles de desarrollo de otros pueblos. La enseñanza de los principios coránicos no era suficiente y había que complementarla con un programa secular. Pero aquella experiencia le permitió constatar también que las escuelas de los misioneros, donde se podía estudiar Geografía, Historia, Matemáticas o Biología, no respetaban la cultura local. Según él, la educación debía integrar los beneficios de las ciencias modernas con la cultura local. También creía que las escuelas tenían que ser independientes del Gobierno.

En 1905, el Gobierno creó un organismo de supervisión para evitar que en las escuelas misioneras se fomentara la conversión de los estudiantes musulmanes. Este departamento se convirtió en un instrumento para controlar la educación y evitar cualquier conspiración contra el poder establecido. El Gobierno colonial se mostraba reacio a la plena apertura de oportunidades educativas para la población local y a la presencia de los misioneros. De hecho, el cónsul general británico, Evelyn Baring, conde de Cromer, no quería a los misioneros en Sudán.

---

[4] El propio Badri lo contó en sus memorias, *My Life Story*. La escuela se convirtió, en 1967, bajo el impulso de uno de sus hijos, en el germen de la primera universidad privada sudanesa, dedicada exclusivamente a la educación de mujeres.

Las peores inquietudes británicas se materializaron a principios de la década de 1920, cuando las ideas nacionalistas comenzaron a circular en la sociedad sudanesa. En 1923 se fundó la Liga de la Bandera Blanca, que predicaba una política antibritánica y unionista en relación a Egipto. Un año después, el gobernador general de Sudán, Lee Stack, fue asesinado en El Cairo. Como represalia, se decidió la expulsión de las unidades militares egipcias de Sudán, pero en Jartum, el XI batallón sudanés se amotinó y volvió sus armas contra las tropas británicas.

El motín fue sofocado con sangre. En el análisis de los funcionarios británicos, una de las principales causas de las tensiones del período 1919-1924 tuvo que ver con los intentos de introducir un sistema educativo moderno que creaba una clase de individuos *destribalizados*, proclives a la protesta y defensores de una peligrosa inestabilidad social.

La fundación en Jartum

En 1925, el gobernador de Sudán invitó al nuevo vicario apostólico, Mons. Paolo Tranquillo Silvestri, a reabrir la misión de Dilling. Pero el obispo rechazó la invitación para concentrar a su personal en el sur, donde había abierto dos misiones entre los shilluks en 1923, y los nueres un año después. «Sobre estas misiones de Sudán del Sur albergamos las mayores esperanzas... La carga financiera en la parte norte del Vicariato consiste en mantener las escuelas para la educación de alumnos de ritos cristianos orientales», dejó dicho el propio vicario apostólico, quien ese mismo año cerró las escuelas católicas para chicos de Jartum y Omdurman.

La decisión causó un gran resentimiento entre los católicos pues se vieron obligados a enviar a sus hijos a las escuelas protestantes o a las estatales. La decisión tampoco cayó bien entre los misioneros, ya que aquellos centros se habían ganado la estima de la población en sus 20 años de funcionamiento. Además, su desaparición reducía la actividad de la misión católica en Jartum al cuidado pastoral de unos pocos católicos.

Los problemas económicos que motivaron la decisión de Mons. Silvestri tuvieron que ver con el asesinato del gobernador Stack el 20 de noviembre de 1924. La expulsión de los oficiales egipcios y de las unidades del Ejército egipcio supuso la pérdida de tres profesores y 50 estudiantes de las escuelas católicas, lo que redujo el número de alumnos a 134, con la consiguiente merma de ingresos. Aquel curso se cerró con déficit. Poco antes, el 27 de julio de 1923, la congregación comboniana se dividió en dos ramas, la italiana y la alemana. Este hecho explicó la presión del Gobierno colonial sobre el Vicariato Apostólico para sustituir a los misioneros alemanes por italianos, como consecuencia de la Primera Guerra Mundial. Los primeros tuvieron que salir de Sudán.

Por tanto, apenas llegado, el nuevo vicario apostólico afrontó la escasez de recursos humanos y materiales, por lo que tuvo que concentrarse en la evangelización en el sur. Para hacer frente a los desafíos financieros, Mons. Silvestri alquiló el edificio que albergaba la St. Anne's School. La escuela fue trasladada a su ubicación actual, en el terreno de la catedral, y renombrada como Sisters' School Khartoum en 1928. La escuela de Omdurman no sería reinaugurada hasta 1931 por Mons. Bini, sucesor del obispo Silvestri.

Como reacción a la política del vicario apostólico, los seguidores de Comboni decidieron en su Capítulo General de 1925, persuadidos de la necesidad de una buena escuela católica en Jartum, abrir una bajo el nombre de Comboni College Khartoum (CCK)[5]. La decisión estaba en sintonía con la petición, en 1922, de Pío XI a los Misioneros de África de dar prioridad a la construcción de escuelas y hospitales antes que de suntuosas iglesias o palacios episcopales. El Papa, que había sido profesor de Matemáticas, expresó su gran sensibilidad a la obra educativa de la Iglesia en la encíclica *Rerum Ecclesiae*, de 1926.

En la decisión del Capítulo también pesaron dos elementos. El primero fue la sugerencia del Gobierno inglés de crear una escuela secundaria para europeos que, con el fin de asegurar su sostenibilidad, debía financiarse con unas tasas académicas elevadas. El segundo, la opinión del visitador apostólico encargado de las colonias británicas en África, Mons. Arthur Hinsley. Este, en línea con el pensamiento de Pío XI, había afirmado en la revista católica inglesa *The Tablet* que el destino de África se encontraba en las aulas y los dispensarios.

Hinsley pensaba que tanto el Gobierno colonial como una sociedad de mayoría islámica aceptarían una institución educativa de calidad. Condicionados

---

[5] El centro educativo debía llevar el apellido del fundador de la congregación. Así lo decidió el Capítulo, que también decretó iniciar el proceso para su canonización.

por este contexto, los dos principales objetivos del CCK en su fundación fueron facilitar la educación de los estudiantes cristianos y asegurar una presencia misionera en Sudán a través de la instrucción, ofrecida también a los estudiantes musulmanes.

En 1929, el P. Francesco Saverio Bini, procurador general de los Combonianos en Roma y más tarde sucesor de Mons. Silvestri, fue enviado a Jartum como visitador apostólico. Allí firmó un acuerdo con el obispo según el cual la escuela, que se instalaría en un terreno propiedad de la congregación, sería también responsabilidad de la orden. Un arquitecto de la Santa Sede, el P. Spirito Maria Chiapetta, fue el responsable del diseño del edificio, que levantaría la empresa Dentamaro. El obispo compró, además, otros dos terrenos en las ciudades de Atbara y Port Sudan, donde se construyeron sendas escuelas que fueron confiadas a las misioneras combonianas.

Para comenzar a construir el Comboni College, la congregación consiguió los fondos con la venta de un terreno en Jartum que les había dejado en herencia Victoria Trampas, fallecida en diciembre de 1927. Su esposo, el griego Panayotis Trampas, fue capturado por Al-Mahdi en El Obeid y fingió el matrimonio con una misionera comboniana, Caterina Chincarini, que también había caído en manos del líder mahdista. Para salvar su vida, ambos fingieron que se habían convertido al islam.

Durante los cuatro años que las escuelas católicas permanecieron cerradas, otras comunidades, religiosas o nacionales habían abierto escuelas de Primaria, por lo que había más necesidad de escuelas de Secundaria. El Gordon Memorial College era la única en Sudán. Inaugurada en 1902 por el Gobierno colonial en memoria del general Gordon Pasha con alumnos de Primaria, se amplió a Secundaria en 1905.

La comunidad copta también había establecido una escuela primaria en 1902 que se convertiría, un año después, en la Church Missionary Society Khartoum Girls School. 25 años más tarde, agregó una sección de Secundaria, solo para niñas, bajo el nombre de Unity High School.

En la mente del Capítulo General, el CCK fue establecido «en primer lugar para estudiantes católicos de cualquier nacionalidad» sin excluir a «adolescentes no católicos en la medida en que sus padres y tutores les permitan asistir a la instrucción religiosa». Su orientación era científica –para aquellos que querían prepararse para estudios universitarios– y comercial –para los que deseaban incorporarse al ámbito laboral.

Sin embargo, el Gobierno colonial, reticente a dar la licencia a una escuela de Secundaria fuera de su control directo, puso una condición significativa. Se trató de una prohibición que aparece en una carta confidencial que acompañaba al documento de aprobación firmado por el director de Educación, J. G. Matthews, el 27 de mayo de 1929:

> Reverendo Señor:
> En relación a su solicitud del 21 de enero del 1929 y a la sucesiva correspondencia, debo informarle de que su excelencia el gobernador general ha aprobado la apertura de la escuela de Secundaria para chicos de la misión católica italiana.

Le informo, además, de que está aprobación ha sido concedida con la condición de que la escuela sea para niños no sudaneses [subrayado en el original] y de que los profesores sean hermanos laicos canadienses con buenas calificaciones docentes.

Soy su obediente siervo. [Firma]. A nombre del Director de Educación.

A pesar de que la obligación de no matricular a estudiantes sudaneses causó un gran enfado entre la población local, el CCK abrió sus puertas solo a estudiantes no sudaneses, de manera que el Gobierno colonial mantenía el control sobre los alumnos sudaneses del Gordon Memorial College, que se había limitado a formar contables, empleados de correos y ferrocarriles. Otros de sus estudiantes encontraron empleo en tribunales, oficinas gubernamentales, el Ejército y la Policía.

Los Misioneros Combonianos, que no eran una congregación especializada en la gestión de instituciones educativas ni tenían el inglés como lengua madre, confiaron la administración de la escuela a los Hermanos del Sagrado Corazón, cuyos religiosos eran de origen canadiense. Fundados por el sacerdote francés Andrè Coindre en 1821, su carisma se centraba en el trabajo con los más pobres a través de la educación. Llegados a Jartum el 17 de octubre de 1929, las clases comenzaron el 1 de noviembre. Los trabajos de construcción de la primera fase de la escuela se completaron en un tiempo récord: tres meses y medio.

Mientras, los Combonianos empezaron a enviar algunos sacerdotes a estudiar a Inglaterra para que enseñaran con posterioridad en el Comboni College. Entre los primeros se encontraban los padres Agostino Baroni, Carlo Tupone, Constante Franceschini, Ettore Pasetto, Fernando Sembiante, Emilio Mengoli y Paolo Adamini.

Entre los primeros estudiantes del Comboni College, algunos venían de la St. Anne's School. El curso escolar 1929-1930 comenzó con 50 alumnos divididos en dos clases: 20 en Preparatoria y 30 en Intermedia[6]. El P. Roberto Zanini fue el superior de la comunidad religiosa intercongregacional que incluía a cinco combonianos –padres Zanini, Leonzio Bano, Pietro Villa y los Hnos. Achille Brigadoi y Giovanni Motter– y a cuatro hermanos del Sagrado Corazón. En el Comboni College, el P. Zanini era el administrador, mientras que el Hno. Oliver, uno de los canadienses, era el director académico.

Mons. Silvestri bendijo el edificio el 1 de noviembre de 1929 y la capilla tres días más tarde. Poco después, presentó su dimisión por motivos de salud y fue sucedido por Mons. Francesco Saverio Bini, que permaneció al frente de la diócesis hasta 1953.

La creación del Comboni College coincidió con la llegada de muchos extranjeros a Sudán. En aquella época se registró una gran demanda de profesionales especializados en diferentes campos técnicos debido al gran desarrollo de las tres ciudades que rodean el punto de encuentro del Nilo Blanco y el Nilo Azul: Jartum, Omdurman y Jartum Norte. Llegaron tam-

---

[6] Hasta 1950, las etapas educativas en Sudán se estructuraban del siguiente modo: 7 años (Preparatoria), 8-11 años (Primaria), 12-14 años (Intermedia) y 15 años (Secundaria).

bién un gran número de mercaderes y hombres de negocios. Fue particularmente numerosa la presencia de comerciantes griegos e italianos, cuyos descendientes se convirtieron en alumnos del CCK.

Desde 1930, algunos líderes sudaneses instaban en la prensa local a la expansión de la educación, a la vez que requerían una reforma educativa. Uno de ellos, Muḥammad Aḥmad Maḥğūb[7], escribió en 1935 un artículo en el periódico *Al-Fajr* para pedir al Gobierno colonial que revisase los objetivos educativos y los planes de estudio del Gordon Memorial College siguiendo el modelo de las escuelas de Secundaria británicas. Unos meses más tarde, un editorial de la misma publicación tituló sin ambigüedades «Dadnos educación (*'allimūnā*) y dejadnos en paz».

El éxito del Comboni College fue inmediato y sorprendió a los propios religiosos. Para atender las solicitudes de admisión se decidió levantar un edificio nuevo, inaugurado en 1933, cuya construcción dirigió el Hno. Pietro Laffranchi. Mientras tanto, los estudiantes superaban ya los 130.

Alumnos del Comboni College entre 1929 y 1937

Curso	1929-1930	1930-1931	1931-1932	1932-1933	1933-1934	1934-1935	1935-1936	1936-1937
N.º de estudiantes	50	81	105	129	132	171	225	250

El P. Carlo Tupone, después de dos años en Inglaterra, fue asignado con los padres Paolo Tagliapietra

---

[7] Ministro de Asuntos Exteriores de Sudán entre 1956-1958 y primer ministro en dos períodos (1965-1966 y 1967-1969).

y Ettore Pasetto al Comboni College. Llegaron a su destino el 17 de julio de 1935, apenas 11 días después de la partida de los religiosos canadienses del Sagrado Corazón, que habían sido requeridos por su provincial. El P. Tupone comenzó el trabajo con un excelente conocimiento del inglés. Se le encargó la incipiente sección comercial, que ofrecía cursos de mecanografía, taquigrafía, contabilidad y gestión de una oficina, y pretendía formar a trabajadores para empresas y bancos. También enseñó literatura inglesa y religión para posibilitar la obtención del certificado de Oxford al final del curso superior. A todo esto se le añadió la organización de actividades teatrales y debates entre los grupos de estudiantes.

El 13 de octubre de 1936, Lancelot Oliphant, subsecretario de Estado adjunto, acusó a las autoridades británicas en Sudán de descuidar la educación de los nativos y de haberse limitado a la organización de un gobierno eficiente.

Un desarrollo rápido

Los estatutos del Comboni College prescribían que «todo estudiante debe mostrar, dentro y fuera de la escuela, respeto por el orden, la moralidad, el honor personal y los derechos de los demás, como requisitos para ser buenos ciudadanos». La disciplina se convirtió en una de sus señas de identidad.

El P. Agostino Baroni se incorporó al equipo formativo en 1932 como prefecto de disciplina. «Alguna tarde, algún estudiante, ansioso por ver una película en el cine Coliseum, que se encontraba al lado, saltaba el muro del College. Al volver hacia la medianoche se encontraba al P. Baroni esperándolo», cuenta el P. Giovanni Vantini. Hasta los años 50, los estudiantes eran supervisados incluso por las tardes para garantizar que realizaban sus tareas escolares.

El director tenía potestad para controlar la correspondencia de los estudiantes, y estos no podían recibir alimentos, dinero, libros o periódicos sin su permiso. Se insistía en hablar inglés, incluso durante el recreo, para avanzar en el conocimiento de la lengua. Más adelante esta regla se aplicaría solo a las conversaciones entre los estudiantes y la dirección de la escuela.

En 1933, el Comboni College se convirtió en sede oficial para los exámenes del certificado de Oxford, lo que permitía a los estudiantes continuar su educación en universidades británicas. Además, la mayor parte de las compañías que operaban en Sudán usaban el inglés como lengua vehicular, de ahí el interés en crear un ambiente anglófono en el centro.

El mismo P. Baroni explicaría más tarde cómo solicitó la acreditación de Oxford:

Fui a la Universidad de Londres para comprender el funcionamiento de las escuelas británicas. Tomé un curso en esa universidad, un curso vespertino para enseñar todo el plan de estudios. Naturalmente, mi primer objetivo fue mejorar el idioma, pero luego también asimilar los programas. Luego fui yo quien escribió a Oxford por primera vez para tener la oportunidad de hacer estos exámenes por correspondencia.

Cuando el P. Baroni se convirtió en el nuevo rector del Comboni College, en 1935, tras la marcha de los hermanos del Sagrado Corazón, contaba con un equipo de cinco combonianos. El misionero, que introdujo en la escuela el teatro, la lectura en público, la poesía, el canto, los deportes o los juegos, se ganó rápidamente la estima de las comunidades católica, copta, siria, armenia, india, hebrea y musulmana. Todas ellas aspiraban a tener a sus hijos estudiando en sus aulas.

En 1938, Abdel Rahman al-Mahdi, hijo póstumo de Al-Mahdi, fue invitado por el P. Baroni para presidir la ceremonia de entrega de premios a los mejores alumnos del CCK.

—Me ha impresionado la disciplina, el orden, la actitud de respeto de sus estudiantes por las personas y el beneficio de esta escuela. Ha sido la primera vez que la visito, pero debo reconocer que me he encontrado verdaderamente a gusto. Padre, ahora le pregunto, ¿estaría dispuesto a aceptar a mis hijos en su escuela? —preguntó el líder sudanés.

—Acogería con mucho gusto a sus hijos y a otros, pero, como sabe, la legislación británica lo impide. Entiendo que es una limitación que no tiene sentido, pero estamos obligados a obedecer. Si usted consiguiera el permiso del Gobierno inglés, yo aceptaría inmediatamente, y con mucho gusto, a sus hijos en mi escuela – respondió el P. Agostino Baroni, quien probablemente quería llegar a ese punto cuando invitó a Abdel Rahman al-Mahdi.

La petición tuvo éxito y el hijo de Al-Mahdi obtuvo el permiso del gobernador general para matricular a sus hijos en el colegio. El líder mahdista había destruido la obra misionera de Comboni. Ahora otro Mahdi abría las puertas del Comboni College a los sudaneses. El primero fue un fanático que buscó imponer el gobierno de Dios sobre la Tierra. Este dio pie a un proyecto modélico de convivencia entre cristianos y musulmanes que tuvo un impacto enorme en la sociedad sudanesa[8].

En 1940, antes del parón causado por la II Guerra Mundial, los estudiantes eran ya 339: 150 egipcios, 49 sudaneses, 48 sirios, 32 griegos, 26 italianos, 16 armenios, 13 palestinos, dos indios, un etíope, un polaco y un yugoslavo, mientras que el profesorado estaba compuesto por 17 sacerdotes, cuatro hermanos consagrados y 16 laicos.

Los estudiantes conseguían excelentes resultados en los exámenes de Oxford y las compañías se los disputaban, incluso antes de su graduación. La corporación del empresario de origen griego Gerasimos Antonios Contomichalos, considerado el mayor magnate del Sudán anglo-egipcio, no era una excepción. En 1935, la dirección del Banco Barklays en Jartum escribía:

> El director y el personal del Comboni College Khartoum deben ser felicitados por los resultados de su trabajo en la formación de jóvenes para carreras comerciales en Sudán. Al incluir en su plan de estudios asignaturas comerciales con el inglés como idioma oficial, el Colegio está formando jóvenes de buenos modales y lo suficientemente preparados para poder ocupar sin difi-

---

[8] Yaafar Mohamed al-Numeiry, presidente sudanés entre 1969 y 1985, concedió al P. Baroni, ya obispo, una condecoración especial por su trabajo en el ámbito educativo y en la nación sudanesa.

cultad puestos remunerados en empresas comerciales inmediatamente después de terminar la escuela.

En junio de 1940, Italia había entrado con Alemania en la II Guerra Mundial. El Gobierno colonial ofreció a los Combonianos tres posibilidades: entregarle el Comboni College, sustituir al personal italiano por personal británico... o cerrar. La congregación decidió cerrar la escuela, pero permanecer en el país para dedicar tiempo al estudio. El P. Baroni se enfrascó en aprender árabe en Jartum y el P. Carlo Tupone hizo lo propio en Omdurman. También profundizaron en las asignaturas del currículum seguros de que, tarde o temprano, el colegio volvería a la vida.

Un día, el P. Baroni recibió una carta de Abdel Rahman al-Mahdi con 50 libras egipcias en su interior: «Sé que el College está cerrado y creo que estarán en dificultades. Le ruego que acepte este presente».

La escuela retomaría sus actividades en marzo del 1943[9]. Aunque se concedió permiso para matricular a 250 estudiantes, fueron 460 los que se incorporaron a sus aulas. En 1947[10] el número de estudiantes

---

[9]   La II Guerra Mundial también causó un éxodo de europeos fuera de su continente. Uno de aquellos refugiados fue Panagiotis *Panaghis* Pagoulatos, que fundó el hotel Acropole en 1952 en pleno centro de Jartum. Sus hijos, Athanasios, George y Gerasimos, estudiaron en el Comboni College y administraron el hotel hasta su cierre en 2023, a causa del conflicto que se inició el 15 de abril de ese año.

[10]   Un año antes, en 1946, el arzobispo de Lourenço Marques, la actual Maputo, Mons. Teodosio Clemente de Gouveia, volvía a Mozambique, pero se vio obligado a permanecer una semana en Jartum porque su tarjeta sanitaria no estaba actualizada. Como no hablaba inglés, fue llevado al Comboni College. Quedó tan impresionado del trabajo de la congregación en un contexto de mayoría islámica que pidió a Propaganda Fide que enviara a los Misioneros Combonianos a Mozambique.

alcanzó un nuevo récord: 520. En el mismo año, los resultados del examen egipcio para obtener el certificado de Primaria pusieron al College a la cabeza de todas las escuelas sudanesas en porcentaje de aprobados. Algunos de ellos formarían parte de la élite sudanesa del Sudán independiente, como uno de los hijos de Abdel Rahman al-Mahdi, Sadiq, que heredó la presidencia del partido fundado por su padre y fue primer ministro de Sudán en dos períodos (1966-1967 y 1986-1989).

Junto a las actividades académicas, culturales y deportivas, se invitaba a rezar a los estudiantes, algo que los cristianos podían hacer en la capilla del colegio tanto por la mañana como por la tarde. Estas oraciones no eran obligatorias, lo que indicaba el cuidado de la dimensión espiritual de los alumnos, pero también el respeto por su libertad interior.

El 19 de abril de 1944, el Gobierno colonial había eliminado definitivamente las restricciones para que los estudiantes musulmanes sudaneses se matricularan en las escuelas de la Iglesia. Esta apertura estaba en línea con el plan decenal del Departamento de Educación colonial para el período 1946-1956. Su director había expresado «la determinación del Gobierno de impulsar el avance del país hacia el autogobierno lo más rápido posible». El número de estudiantes musulmanes en el Comboni College creció rápidamente. Además de los tres hijos de Abdel Rahman al-Mahdi, varios miembros de la familia Miṙgani, otra de las más destacadas de Sudán, ingresaron en sus aulas.

En diciembre de 1947, en el examen del certificado de Oxford, 13 de los 15 estudiantes aprobaron y obtuvieron tanto ese como el certificado del Comboni College. El alumno con mejor calificación fue Ernest Asmar, aunque también sobresalieron otros como Ali Ahmed Sahlool, futuro ministro de Asuntos Exteriores en el primer Gobierno de Omar Hassan al Bashir, Gamil Boctor y George Haggar.

Durante el curso 47-48, los alumnos del Comboni College empezaron a prestar mayor atención al debate político en un territorio que debía decidir si quería ser independiente o unirse con Egipto. Hubo manifestaciones públicas en las que participaron algunos estudiantes y no faltaron las protestas contra el propio colegio. La administración, al menos públicamente, trató el asunto como una simple indisciplina, una actitud que denotaba la falta de preparación del profesorado para hacer frente al naciente nacionalismo.

Mientras en 1949 el Gordon Memorial College formaba a los funcionarios del Gobierno, el CCK fue reconocido como centro de exámenes del London Institute of Bookkeepers y se convirtió en referente para aquellos que deseaban estudiar ciencias y comercio. Un año después, el 92,5 % de sus estudiantes superaron el examen para la obtención del certificado de la Universidad de Oxford. En la década de los 50, el Comboni College alcanzó la madurez.

Hasta 1945, los únicos graduados universitarios sudaneses habían completado sus estudios en Egipto, Líbano u otros países extranjeros, pero en ese momento el Gobierno colonial, comprometido en la preparación de un Sudán independiente, comenzó a plantearse la idea de una universidad. El primer paso fue afiliar al Gordon Memorial College a la Universidad de

Londres y después, en 1951, aprobar su fusión con la Kitchener School of Medicine para poner en marcha el University College of Khartoum. Esta institución se convirtió, con la independencia, en la Universidad de Jartum. Siguiendo las tendencias imperantes en aquel momento, que identificaban el concepto de educación moderna con la occidental, el nuevo proyecto educativo trató de parecerse a su modelo, la Universidad de Londres.

En ese contexto, el P. Agostino Baroni creó la St. Augustine Society, una sociedad universitaria internacional en la que reunió a los graduados católicos del Comboni College que estudiaban en la Universidad de Jartum. El religioso buscaba becas para apoyar a los estudiantes católicos más necesitados.

Además del Comboni College, la actividad educativa de la Iglesia católica en Sudán continuaba su expansión. Junto a las Hermanas Misioneras Combonianas, que habían puesto en marcha la Sisters' Schools Khartoum en 1928, inscribiendo a las niñas del St. Anne's School, también se habían abierto escuelas católicas en Atbara y Port Sudan. El sucesor de Mons. Silvestri, Francesco Saverio Bini, reabrió las estaciones misioneras de Omdurman y El Obeid en 1947. Este obispo, que lideró a la Iglesia católica en Sudán entre 1930 y 1952, afirmó que las escuelas católicas eran la mejor manera de servir en el norte del territorio.

Dos de los factores que hicieron posible esta expansión fueron la sensibilidad del P. Baroni y de otros combonianos para establecer relaciones profundas de amistad con las autoridades locales, además del cariño hacia los antiguos alumnos de las escuelas combonianas. Un ejemplo de lo primero fue la invitación del propio Baroni al presidente de la Cámara de Diputados, Sayed Shangeiti, para acompañarlo al Vaticano con ocasión de la peregrinación jubilar a Roma. El P. Carlo Plotegheri, que trabajó en Sudán entre 1968 y 2017, reconoció más tarde el trabajo del P. Baroni y su impacto sobre sus estudiantes: «Como director del Comboni College era firme y decidido en los principios, pero paternal y comprensivo con los estudiantes, que siempre lo apreciaron. Era un verdadero líder que gozaba de la estima de los alumnos».

El empeño educativo comboniano se abrió a la formación profesional en 1950. Para ello fue preciso localizar un terreno de 20 000 km^2 en el que se inició la construcción de una escuela técnica. En 1952, los Hnos. Marino Panfilio y Romualdo Zuanon inauguraron las dos primeras secciones: carpintería y mecánica para obra comercial. Más adelante, en el curso 1972-1973, la obra pasó a manos de los Salesianos de Don Bosco.

También en 1952, el misionero comboniano P. De Tommasi reabrió la escuela de Omdurman para niños, que pasó a llamarse Comboni Boys' School, que empezó con apenas seis alumnos. Buena parte de su alumnado en los primeros años fue de origen indio[11]. Al curso siguiente, las Misioneras Combonianas abrieron otra, Villa Gilda School, cerca del Comboni College. Uno de sus estudiantes, Joseph S. Canaan, recordaba que la Hna. Josefina «solía conducir el autobús escolar y ayudar a cada niño a subir al mismo

---

[11] En el curso 1979-80 la Comboni Boys' School fue galardonada como la tercera mejor escuela primaria de Sudán.

agarrándonos de la mano para ascender los escalones. Debía ser la hermana más amable, porque todos los niños la queríamos. Una vez que estábamos todos bien sentados, nos invitaba a hacer una oración breve y a pedir la protección de Dios para el viaje. También nos enseñaba a cantar por el camino con canciones como Frère Jacques o nos contaba historias».

La escuela tenía residencia para los pequeños estudiantes, niños y niñas de guardería y Primaria. En el mismo complejo había también una maternidad gestionada por las Combonianas que había sido inaugurada un año antes.

El sucesor del obispo Bini fue Mons. Agostino Baroni, que había sido rector del CCK desde 1934 hasta 1951. Ya bajo su mandato, que coincidió con los últimos años del dominio colonial y las primeras décadas del Sudán independiente, la Iglesia católica abrió en 1954 las misiones de Dilling, Kadugli, EnNahud –en la zona de El Obeid– y Al Fashir –en Darfur–. La profesora Iris Seri-Hersch escribe de esta manera sobre la política educativa:

> La última década colonial (1947-1957) fue testigo de un triple proceso de expansión, unificación y nacionalización de la educación. Las crecientes rivalidades anglo-egipcias por el control de Sudán y la polarización de los nacionalistas sudaneses en independentistas «probritánicos» y unionistas «proegipcios» llevaron a las autoridades británicas en Jartum a impulsar la educación gubernativa mientras abandonaban la política de gobierno separado para el norte y el sur. En la práctica, la unificación educativa de las dos regiones sudanesas

significó la alineación de los planes de estudio del sur con los programas del norte y la introducción del árabe en las escuelas del sur, primero como asignatura y luego como medio de instrucción. Las escuelas misioneras y otras escuelas privadas del sur fueron nacionalizadas un año después de que Sudán se independizara de Gran Bretaña y Egipto (1956).

Las escuelas de la Iglesia fueron administrativamente independientes del Ministerio hasta 1948, cuando se empezó a adoptar una política educativa unificada para el norte y el sur de Sudán. El único aspecto en el que el Gobierno siempre mantuvo una estrecha vigilancia fue el de la instrucción religiosa por temor a que pudieran provocar la ira del fanatismo y una revolución con consecuencias similares a la mahdista.

Sin embargo, la convivencia interreligiosa nunca fue un problema. Las escuelas católicas se caracterizaron por gestionar una diversidad que incluía a alumnos cristianos, musulmanes, hindúes, judíos y agnósticos. Estos centros se desarrollaron de manera extraordinaria porque la demanda educativa para niños y niñas en el norte de Sudán excedía la que el Gobierno podía proporcionar. Algunos de sus funcionarios y representantes, gobernadores generales, ministros y directores de Educación, eran invitados con frecuencia para la entrega y distribución de certificados y diplomas. En el documento *From then... till now (1929-1954),* sobre el Comboni College, se reconoce que «lo que más sorprende a nuestros visitantes es ver a varios cientos de estudiantes de diferentes religiones y nacionalidades en las mismas clases y jugando juntos en el patio; y verdaderamente si hay algo de lo que nos sentimos orgullosos es la unión que existe entre nuestros alumnos, sin importar religión o raza. También nos enorgullece la estrecha unión entre el personal y los estudiantes, todos formando una gran familia, impulsada por un gran propósito, preparar personas para el mañana».

Solo unos años antes de la independencia el Gobierno colonial invirtió seriamente en educación. En ese momento, las escuelas de Primaria acogían a 76 996 alumnos, las intermedias contaban con 4 675 y las de Secundaria con 1 700. Algo más de 720 estudiantes estaban matriculados en educación terciaria.

En cuanto a la calidad de las escuelas públicas, en febrero de 1937, el gobernador general, Stewart Symes, invitó a visitar Sudán a la Comisión Educativa De la Warr, que certificó que «el gran defecto de las escuelas sudanesas es la tendencia a memorizar sin comprender, con el resultado de que no se logran desarrollar capacidades de iniciativa, previsión y juicio»[12].

Ina Besley, una educadora británica que recorrió todo el país para analizar el sistema educativo sudanés, visitó el 22 de noviembre del 1939 la St. Joseph's School, administrada por las combonianas en Omdurman. La describió como limpia, ordenada y con un programa de estudios razonable:

---

[12] Este punto sigue siendo hoy un desafío para el sistema educativo sudanés, condicionado por un sistema de evaluación donde los exámenes obligan a los estudiantes a memorizar los libros escolares para tener éxito.

Una ronda por las clases me dio la impresión de que había mucha lectura de libros, pero no mucha explicación o preguntas. Esto probablemente se deba al hecho de que gran parte de la instrucción es en inglés, lengua que los maestros no dominan. Las hermanas parecían conversar en una mezcla de inglés, francés e italiano.

Aunque la escuela no fue presentada como un modelo de vanguardia pedagógica, su descripción contrastaba con la del primer centro público que Besley visitó en la zona tres días después:

La escuela era un edificio muy pequeño escondido en una calle secundaria. Las habitaciones estaban terriblemente abarrotadas y había poco espacio exterior para que los niños pudieran jugar. No me quedé para ver la enseñanza, pero en esas condiciones cualquier enseñanza debe ser difícil […]. La atmósfera era descuidada […]. Debería uno inclinarse a atribuir gran parte de la negligencia a la directora. Era una señora muy ornamentada. Tenía un rostro como la pintura de una tumba egipcia. Los otros profesores también parecían perezosos. Había una falta de orden en la disposición habitual de las cosas, el cambio de clases y la entrega de libros.

Una de las primeras decisiones del obispo Agostino Baroni fue unificar las líneas educativas de las escuelas católicas en Sudán y llamarlas Escuelas Comboni para que se beneficiaran del prestigio del que gozaba el Comboni College y para que aspiraran a alcanzar el mismo nivel de calidad. En un contexto de mayoría islámica y de transición hacia la independencia, puede que Mons.

Baroni considerara que «Comboni» fuera un apellido más aceptable que «católicas» para sus escuelas.

Presencia educativa comboniana durante el período colonial

Nombre	Apertura
Comboni Boys Omdurman (Reapertura en 1952)	1900
St. Joseph Girls' School (Reapertura en 1931 y renombrada como Comboni Girls Omdurman en 1953)	1900
Catholic Mission Boys' School Khartoum	1902
St. Anne Khartoum	1903
Port Sudan School (para familias extranjeras)	1904
Comboni Girls Halfaya	1904
Sisters' School Khartoum	1928
Comboni College Khartoum	1929
Comboni Girls Atbara	1929
Comboni Girls El Obeid	1947
Comboni Boys Port Sudan	1948
Comboni Boys Atbara	1948
St. Francis	1951
St. Joseph's Technical School	1952
Comboni Boys El Obeid	1953
Villa Gilda School	1953
Dilling, An-Nahud y Al Fashir Schools	1954
Comboni Girls Port Sudan	1957

El mismo año en que Mons. Baroni comenzó su servicio episcopal, 1953, se formó el primer gobierno provisional sudanés, encabezado por un antiguo maestro de Matemáticas del Comboni College, Ismail al-Azhari. Había trabajado en el centro durante algunos meses para sustituir al profesor titular de la asignatura, por lo que el obispo le conocía bien.

El 12 de febrero de 1952, Egipto y Gran Bretaña acordaron permitir que los sudaneses celebraran un referéndum para elegir entre la independencia o la unión con Egipto. Apenas nombrado obispo, un representante de los unionistas vino a ver a Mons. Baroni. Le pidió que se pronunciase en favor de la fusión con Egipto para ganar para la causa los votos de los cristianos, mayoría en el sur del país. «¿Por qué me queréis mezclar en cuestiones políticas? –protestó el prelado–. Un padre no hace distinción entre sus hijos. Le ruego que me deje al margen de estas cuestiones».

Su firmeza estuvo a punto de costarle la expulsión, cosa que no sucedió. La mayoría de los sudaneses votaron a favor de la independencia en un plebiscito celebrado en 1953. El Partido Unionista Nacional (NUP, por sus siglas en inglés), encabezado por Al-Azhari, obtuvo 51 de los 97 escaños en las elecciones parlamentarias celebradas en noviembre de ese año. Sudán obtuvo su independencia de Gran Bretaña y Egipto el 1 de enero de 1956. Ese mismo día, se reunió la Asamblea Nacional. Ismail al-Azhari formó un gobierno como primer ministro el 9 de enero.

Ese mismo año, el Comboni College celebraba 25 años de vida. El lema de la escuela, «Siempre más y siempre mejor», cobraba sentido para el obispo, quien explicaba entonces que esta expresión «podría interpretarse como una aspiración ambiciosa a un crecimiento extraordinario y a notas sobresalientes, pero de hecho significa y siempre debería significar nada más que aquello a lo que todo hombre en la vida y todo alumno en la escuela debería aspirar: cada día una buena acción más y cada día una falta menos que puntuar».

¿Un proyecto descafeinado?

La relación entre las escuelas católicas y la población local, de mayoría islámica, siempre ha sido buena. La razón principal, según Sa'ād 'Abd Al-'Azīz, es que aquellas renunciaron a su objetivo porque «eran conscientes de trabajar en medio de una comunidad musulmana de extrema sensibilidad hacia la religión y, por ello, no implementaron sus metas». Esta actitud permitió a la gente apreciar su «contribución eficiente al campo de la educación».

En los primeros años del condominio anglo-egipcio, un aviso público advertía que si un sudanés era sorprendido hablando con un misionero, ambos corrían el riesgo de ser arrestados. En opinión de Al-'Azīz, las restricciones del Gobierno al trabajo de las diferentes Iglesias en el norte, las obligaron a jugar un papel indirecto en la sociedad a través de sus compromisos en «escuelas, hospitales y servicios sociales para dar un ejemplo práctico a los musulmanes sobre el alcance del progreso cristiano occidental». Todas esas actividades no eran fines en sí mismas. Su objetivo fundamental era la propagación del Evangelio. Estas iniciativas sociales estaban, desde esta perspectiva, forzadas por las circunstancias. Sin embargo, a la vez que restringía su labor evangelizadora, el Gobierno otorgó a las diferentes Iglesias vastas parcelas de tierra y algunos privilegios.

A pesar de las restricciones, el enfoque evangelizador de los protestantes fue siempre más explícito que el católico. Esto dio lugar a un episodio conflictivo en 1925, cuando las alumnas musulmanas de la escuela de la misión americana en Omdurman participaban en clases de religión cristiana. Un centenar de ellas abandonaron la escuela. En otra ciudad, Atbara, mientras «la dirección de la escuela católica [...] les dio a todos los estudiantes la posibilidad de asistir a lecciones de religión cristiana o quedarse afuera, la escuela de la misión americana se negó a dar esta segunda posibilidad», recuerda Al-'Azīz.

Para Mohamed Beshir, experto en la historia de la educación en Sudán, «la conversión al cristianismo era la única justificación de la actividad educativa». Esta idea se extendió entre muchos sudaneses del norte. Por otro lado, mientras que las escuelas de la Church Mission Society ganaron prestigio en otros países donde las conversiones eran infrecuentes, en Sudán no lograron la excelencia académica pues enseñaban en lengua árabe escrita con caracteres latinos, lo que produjo una «alfabetización disfuncional».

Ante esta realidad, surgen tres cuestiones vinculadas con los objetivos de las escuelas católicas en Sudán: ¿fueron meros instrumentos para la evangelización o la transmisión de puntos de vista cristianos a los musulmanes?, ¿el hecho de no servir al propósito de la conversión de los estudiantes musulmanes fue un mal menor que les permitió permanecer en el norte, de mayoría musulmana, con la aprobación de la población local?, y, por último, ¿fue su contribución a la educación de las mujeres una decisión estratégica que apuntaba a un factor fundamental de cambio social y puerta de acceso a las familias?

Ningún estudiante musulmán se convirtió al cristianismo en una escuela católica. Eran, como recuerda Beshir, «más observadores que sus contrapartes de la Church Mission Society al organizar exenciones de la oración cristiana y el estudio religioso». Es cierto que los objetivos de la apertura del Vicariato de África Central en 1846, enunciados por el propio Gregorio XVI el 3 de abril de 1846, eran «la conversión de los africanos al cristianismo, la asistencia a los cristianos que estaban en Sudán como comerciantes y funcionarios, y la supresión de la trata de esclavos», pero con el paso del tiempo, los misioneros católicos desarrollaron un concepto más amplio y dialógico de misión y evangelización.

Comboni describió el objetivo de los dos institutos de El Cairo como instrumentales para el propósito de «plantar sólidamente la fe en África Central». El concepto de Misión en aquella época se identificaba con la necesidad de propagar la Iglesia para que las personas alcanzaran la salvación eterna. Por otro lado, es preciso recordar que aquellos dos centros educativos y el de Verona estaban enfocados principalmente a la formación de misioneros, por lo que su finalidad no puede generalizarse a toda la obra y misión educativa católica.

Tendrían que pasar muchas décadas hasta que la Congregación para la Educación Católica, en un documento de 2014, *Educar hoy y mañana: una pasión que se renueva*, definiera las escuelas católicas como lugares donde las personas «aprenden a participar en la construcción del bien común». Mucho antes, las Escuelas Comboni en Sudán ya explicitaron con su ejemplo que su misión no se podía reducir a la de instrumentos frustrados de conversión de estudiantes.

Uno de sus alumnos en los años 70, Adel Gobran Hanna, describía así su percepción personal sobre estos centros educativos:

La misión original del obispo Comboni era educar a los sudaneses de todas las religiones y ofrecer lo que las escuelas públicas de Sudán no ofrecían: educación religiosa cristiana para los estudiantes cristianos. Los sacerdotes y monjas cristianos italianos dedicaron sus vidas en el Sudán predominantemente musulmán a hacer exactamente eso. Esa fue su forma de demostrar el amor de Dios a los sudaneses de todas las religiones y razas. ¡Y esa se convirtió en su misión de vida! Su ejemplo cristiano de amor y humildad fue tan impactante que a menudo pensaba en convertirme en sacerdote como ellos. No todo fue fácil ni sencillo para ellos. Los sacerdotes y monjas católicos italianos a menudo caminaron por la delgada línea de ser sacerdotes cristianos extranjeros en un país predominantemente musulmán con delicadeza y amabilidad. A lo largo de las décadas, aprendieron a ganarse el respeto, el apoyo y la confianza de muchos de los líderes políticos de Sudán.

Capítulo 3

LAS ESCUELAS DE UN PAÍS INDEPENDIENTE

La independencia de Sudán abrió una nueva era para las escuelas combonianas, un período que estuvo marcado por las dos guerras civiles entre el sur y el norte (1955-1972 y 1983-2005), el concilio Vaticano II (1962-1965) y la arabización e islamización de los sucesivos planes de estudio.

Después de la independencia, la educación recibió un gran impulso y su desarrollo se caracterizó por la fructífera cooperación entre el Ministerio de Educación y Naciones Unidas. El aumento del número de centros públicos disminuyó el peso de las escuelas misioneras.

En julio de 1956, el ministro del ramo, 'Uthmān Ziada Arbāb, anunció que el Gobierno «se haría cargo» de las escuelas de los misioneros en el sur del país. La medida se hizo efectiva en 1960 y estableció para ellas los mismos planes de estudios que estaban vigentes en el norte. El proceso de arabización, iniciado en 1957, estaba en marcha con el objetivo de hacer del árabe la lengua de instrucción.

Esta operación no solo se limitaba al ámbito educativo. Mientras que los ingleses habían designado a los jefes tribales de las distintas regiones como representantes gubernativos, estos ahora fueron sustituidos por «sus árabes, lo que causó injusticias, tensiones y conflictos», como recordó el obispo Baroni en 1998 durante una entrevista.

Desde el punto de vista educativo, la arabización se llevó a cabo a pesar de la diversidad cultural del país y del impacto que tal decisión podía tener para el proceso de aprendizaje de los niños sudaneses no árabes. En un primer momento, este problema fue un desafío para las minorías lingüísticas ubicadas en determinadas áreas geográficas, pero la migración interna consecuencia de los conflictos, el avance del desierto en el oeste del país y la falta de un desarrollo homogéneo en las zonas periféricas, transfirió el problema al área metropolitana de Jartum.

A pesar de esta política, el CCK y otras escuelas combonianas de la capital continuaron su actividad sin grandes problemas y con un número creciente de alumnos sudaneses que, en 1959, alcanzaban el 73,6 % en el CCK. Tras obtener el permiso de la Santa Sede, el obispo Baroni abrió las puertas a las clases de religión islámica para los estudiantes musulmanes, que durante el período colonial habían cursado ética, y consiguió que algunas escuelas públicas admitieran a un maestro católico para sus estudiantes. El contenido de esta asignatura había sido preparado por el propio prelado y fue un instrumento fundamental para formar las conciencias de miles de estudiantes.

Antes de llegar a esta solución, los alumnos musulmanes iban a la mezquita más cercana a recibir la enseñanza religiosa. Pero esta, fuera del control de la escuela, en ocasiones tenía un carácter muy radical y agresivo. Mons. Baroni consiguió que el Ministerio de Asuntos Religiosos enviara un profesor de religión islámica a la escuela y que la misma tuviera la potestad de pedir su suspensión o cambio si su comportamiento o compromiso no estaban a la altura del centro. El Gobierno, a través de los ministerios de Asuntos Religiosos y de Educación, era el responsable de abonar el sueldo de los profesores de religión islámica y católica que enseñaban en los centros públicos.

Baroni también logró que se estableciera una oficina para la religión cristiana dentro del Ministerio de Educación, departamento que, entre sus responsabilidades, debía imprimir los materiales escolares preparados por el Consejo de Iglesias de Sudán. El problema se presentaba cuando los estudiantes cristianos no tenían un profesor cristiano y debían preparar el examen de religión islámica.

El sistema educativo había pasado a estar organizado en tres etapas: Primaria (de 7 a 11 años), Intermedia (de 12 a 14) y Secundaria (de 15 a 17). En 1961, había 552 niñas y 450 alumnos de Primaria en las escuelas de Bahri, St. Francis, Villa Gilda y el CCK –que aportaba 86 al total–; 404 alumnas y 365 alumnos de Intermedia –365 del Comboni College–, y 171 chicas y 379 chicos en Secundaria, todos en el CCK.

Expulsados

El 17 de noviembre del 1958 el general Ibrahim Aboud dio un golpe de Estado. Se abrió así un período de dictadura militar que se extendió hasta 1964, cuando se agravó el conflicto con el sur del país, habitado por tribus negras no arabizadas y practicantes del cristianismo o de las religiones tradicionales.

El levantamiento se produjo un año después de que las escuelas misioneras del sur hubieran sido confiscadas por el Gobierno y se hubiera sustituido la formación cristiana por el estudio del Corán. A los estudiantes se les arrancaba el rosario que llevaban al cuello y el que se resistía era encarcelado. Algunas estudiantes fueron violadas.

En 1960, bajo el mandato de Aboud, el domingo fue sustituido por el viernes como festividad semanal. Dos años después se publicó la Ley de Sociedades Misioneras Extranjeras, según la cual se prohibía toda actividad pastoral –catequesis, bautizos, celebraciones eucarísticas...– que no contara con un permiso por escrito del Consejo de Ministros. Los cristianos, de manera particular los catequistas, podían sufrir terribles vejaciones en el sur.

En 1964, más de 400 misioneros fueran expulsados de Sudán meridional, obligados a dejar más de 60 misiones con sus respectivas casas, templos, escuelas, dispensarios, talleres... Algunos miembros del Gobierno presionaron para que se expulsara también a los misioneros del norte, pero otros, antiguos alumnos del CCK, tenían una valoración muy positiva del trabajo de los misioneros allí. Estos últimos jugaron un papel muy relevante para que no fueran obligados a salir también del norte.

Abdel Mumin Fahmi, director de Educación General Privada del Ministerio de Educación sudanés, explicó a Mons. Baroni: «Aquí en el norte sabemos bien cómo controlaros. Si sucede algo, lo sabemos inmediatamente. En cambio, en el sur, con territorios tan vastos, no podemos seguiros. Por tanto, no os preocupéis por lo que está pasando allí. Preocuparos simplemente de mantener alto el nivel de vuestras escuelas».

Una historia como la de Stanislaus Abdullahi Paysama seguramente no podría haber sido posible en el norte. Según contó en su autobiografía, *How a Slave Became a Minister,* nació en un poblado de la tribu de los fur en el sur de Darfur y fue capturado por esclavistas baggaras alrededor de 1904. Más tarde fue liberado y llevado a Wau[1], donde se educó y se convirtió al cristianismo. En 1951 fue uno de los fundadores del Movimiento Político del Sur de Sudán.

A pesar de las «consoladoras» palabras de Abdel Mumin Fahmi, los desafíos no faltaron. Presionado por Arabia Saudí, el Ministerio envió un inspector a Atbara y Port Sudan para estudiar la posibilidad de nacionalizar las escuelas católicas en esas dos ciudades. La oposición de la población local y de varias delegaciones diplomáticas, particularmente la libanesa, hicieron desistir al Gobierno.

Los intentos de expulsar a los misioneros del norte se repitieron después de la revolución de octubre de 1964, que inauguró el segundo período democrático de la historia sudanesa. Mons. Baroni fue a reunirse con el presidente del Consejo Soberano, Ismail al-Azhari[2], quien le dijo: «Usted rece para que me

---

[1] En la actualidad, estado occidental de Bahr al-Ghazal (Sudán del Sur).

[2] En 1969, Al-Azhari fue arrestado durante un golpe de Estado liderado por el general Yaafar al-Numeiry y encarcelado en la prisión de Kobar. Falleció en un hospital el 26 de agosto de ese mismo año.

mantenga en este puesto y no tema. Les conozco bien y el pueblo sudanés no recibe más que beneficios de su servicio. Continúen con sus escuelas».

El P. Giovambattista Antonini, profesor en el CCK inmediatamente después de la crisis del 64, afirmó que la presencia comboniana salvó «la cristiandad en Sudán. Si nos hubiésemos ido no hubiésemos vuelto a entrar y ese pequeño núcleo de cristianos que quedaba en el sur no habría tenido mucho futuro y, ciertamente, no habrían tenido ningún desarrollo».

Tiempos inestables

El mariscal Aboud no había cumplido su promesa de devolver el Gobierno sudanés a los civiles, por lo que se produjeron una serie de protestas y huelgas a finales de octubre de 1964 que desembocaron en el derrocamiento del régimen militar. El incidente que desencadenó lo que más tarde se conocería como la Revolución de Octubre fue la irrupción por parte de policías antidisturbios en un seminario que se celebraba en la Universidad de Jartum sobre «El Problema del sur de Sudán». El asalto tuvo lugar en la noche del 20 de octubre.

Los enfrentamientos de los estudiantes con las fuerzas armadas eran frecuentes, tal y como dejó escrito Joseph Canaan, estudiante del CCK entre 1960 y 1968. En aquellas ocasiones se decretaba el toque de queda, lo que dejaba las calles desiertas tras la tempestad.

Durante nuestras vidas en Sudán hemos presenciado muchas manifestaciones, disturbios, enfrentamientos entre las fuerzas del orden y los civiles. Estudiantes universitarios y de Secundaria participaron en estas manifestaciones, lanzaron cócteles molotov y usaron palos y piedras contra policías y soldados que, a su vez, usaban gases lacrimógenos y balas para dispersarlos, lo que daba lugar muy a menudo a derramamientos de sangre. Muchas veces se volcaron y quemaron coches y se destruyeron tiendas.

El gobierno civil que sucedió a la dictadura del general Aboud tuvo a Ismail al-Azhari como presidente del Consejo Soberano y a Sirr al-Khatim Khalifa como primer ministro entre el 30 de octubre del 1964 y el 2 de junio de 1965, cuando se celebraron las elecciones.

Al-Khatim Khalifa era también un buen amigo de Mons. Baroni y de algunos misioneros combonianos e intentó promover la paz con el sur. Escogió como ministro del Interior a un experto en administración civil de origen sureño, Clement Mboro, que debía llegar a Jartum el 6 de diciembre de 1964. En el aeropuerto de la capital lo esperaban miles de sursudaneses para aclamarlo. Pero el avión no llegaba. Los sursudaneses expresaron su enfado con gritos y proclamas contra el Gobierno. En un momento determinado, se corrió la voz de que Mboro había sido asesinado en Yuba. Las protestas se convirtieron en una ola destructiva en el aeropuerto. Los iracundos sursudaneses saquearon las instalaciones y golpearon a quienes se les pusieron por medio, incluyendo los guardias de seguridad.

Grupos de ciudadanos árabes, entre los cuales había personas relacionadas con el movimiento islámico, reaccionaron con violencia contra los vándalos y la calle que conduce al aeropuerto se convirtió en un campo de batalla. Los norteños, más numerosos, pronto tomaron ventaja. Dos masas de gente se dirigieron hacia el centro de la ciudad y a Jartum Bahri[3] para acabar con cualquier sursudanés con el que se cruzaran. En su camino iban rompiendo lunas de coches, de autobuses, volcando automóviles... Al llegar al puente sobre el Nilo Azul que separa Jartum de Jartum Bahri, los policías que lo custodiaban saltaron al río para evitar a aquella gente enfurecida.

Cientos de personas de los dos bandos perdieron la vida aquella tarde. La escuela de la misión americana, la Unity High School, donde varios sursudaneses buscaron refugio, fue quemada. El P. Antonini contó que «a los sudistas que saltaron el muro para escapar del fuego les machacaron la cabeza con piedras y palos».

La masa enfervorecida se dirigió a continuación al Comboni College. Dentro de la escuela, el personal y los estudiantes del sur fueron escondidos en sótanos y áticos. Los padres Carmine Calvisi y Paolo Grumini así como el resto de la comunidad comboniana fueron evacuados hasta la catedral. Los manifestantes comenzaron a apedrear las ventanas del edificio e incendiaron una puerta secundaria. En esta coyuntura, la intervención de los estudiantes musulmanes internos, liderados por Mubarak Abdullahi el-Fadil al-Mahdi[4], uno de los sobrinos de Sadiq al-Mahdi, evitó lo peor al salir a la calle y persuadir a la mul-

---

[3] También conocida como Jartum Norte.

[4] Mubarak El-Fadil, como era comúnmente conocido, nació en Jartum en 1950, y se convirtió en un destacado economista y político. Fue designado para varios cargos políticos y ejecutivos como parte del Partido Nacional Umma en el Gobierno democrático del período 1986-1989.

titud para que desistiera del ataque. A las tres de la mañana llegaron refuerzos policiales y la situación se calmó.

El grupo que atravesó el Nilo Azul y llegó a Jartum Bahri atacó la sucursal del colegio que se había abierto en esa ciudad. Allí, a orillas del Nilo Azul, tenía su procura la misión de Bahr al-Ghazal. Esa escuela no consiguió salvarse de la ira de los manifestantes.

Más allá del dramatismo de aquel 6 de diciembre[5], el curso escolar 64-65 estuvo marcado por las continuas manifestaciones estudiantiles que llevaron al cierre cautelar del CCK en varias ocasiones. La ola de protestas no perdonó tampoco a sus sucursales periféricas. En Atbara hubo que llamar con urgencia al director porque los estudiantes lo amenazaron de muerte. Se produjeron varias huelgas en Port Sudan.

Un buen número de profesores extranjeros del Comboni College abandonaron el país tras los disturbios. Esta pérdida frenó también el proyecto de cursos postsecundarios que ya estaban programados. El proyecto universitario tenía que esperar.

La vida en el College

En Villa Gilda School disponían de un famoso cuarto de los ratones que ayuda a entender algunas de las características de la pedagogía de la época. Joseph

[5] Una historia semejante se repitió en julio de 2005. Esta vez no se trató de un falso rumor. John Garang, líder del Movimiento de Liberación del Pueblo Sudanés (SPLM, por sus siglas en inglés) y vicepresidente del Gobierno de origen sureño, murió en un accidente de helicóptero y los sursudaneses en la capital también expresaron su ira contra el Gobierno de Jartum y los «árabes».

Canaan contaba solo ocho años en 1959 cuando fue pillado tras haber pegado a un compañero de clase.

Fui encerrado en el cuarto y la hermana me dijo que en breve saldrían grandes ratas de sus agujeros y me morderían. Era una habitación muy oscura con una luz muy tenue y muchas cajas y libros almacenados en su interior. Me senté en una caja muy despacio para no llamar la atención de las ratas. Miraba fijamente hacia la zona más oscura y angosta de la habitación preguntándome cuándo saldrían para atacarme. Buscaba también objetos con los que poder defenderme. Tras 20 minutos de espera me di cuenta de que se trataba de un engaño para asustar a los niños.

Los castigos eran los típicos de la época. Ni mejores ni peores que en Occidente.

Por paradójico que resulte indicarlo, los sacerdotes y las religiosas que trabajaban en estas escuelas compartían su pasión por la educación y por los estudiantes. El P. Paolo Adamini enseñaba Matemáticas e Inglés en el CCK entre 1938 y 1951, y en los días de descanso sacaba a pasear a sus alumnos. Ante la presión que causaban las nuevas necesidades pastorales, el P. Paolo decía: «Creo que sería un error sacar a los sacerdotes de la enseñanza y reemplazarlos por laicos. La enseñanza es una verdadera misión y es la mejor manera de influir en las mentes y los corazones de los estudiantes, incluidos los musulmanes».

Estos misioneros compaginaban su amor por los estudiantes con una gran pasión y competencia en las materias que enseñaban. Los estudiantes recuerdan la experticia del P. Luigi Denicolò en Química o del P. Manzi en Física, por ejemplo.

En 1959 se abrió el internado para estudiantes del CCK en un nuevo edificio construido al norte del que albergaba las aulas.

El respeto por la diversidad y la disciplina seguían siendo signos de identidad del centro como expresan estudiantes de diversas épocas. Joseph Canaan lo señala así:

> *Todas las escuelas católicas en Sudán tenían estudiantes cristianos de diversas denominaciones, muchos musulmanes e incluso algunos judíos. Éramos de diferentes razas. Aprendimos a crecer juntos sin discriminarnos los unos a los otros. Nuestros padres nos enseñaron el respeto por la religión de los otros y por las personas que tenían un color de piel más oscuro que el nuestro. Los sacerdotes eran más estrictos que las hermanas de Villa Gilda y no nos permitían jugar a la guerra. [...] La metodología parecía funcionar porque debo admitir que éramos niños rudos y traviesos. Todos temíamos ser enviados al despacho del rector pues sabíamos el veredicto que nos esperaba.*

Charles Yousif, un renombrado profesor de la Universidad de Malta e investigador en el campo de las energías renovables, estudió en el CCK entre 1975 y 1984:

> *Cuando miro hacia atrás y recuerdo mi estancia en el Comboni College, veo muchas diferencias positivas con respecto a otras escuelas y universidades. Allí aprendi-*

mos a cuidar de los demás, a amar y perdonar, a vivir en armonía y a compartir nuestras pertenencias y talentos. La escuela no era solo una institución educativa, sino un proceso de aprendizaje permanente que nos enseñó más que palabras, números e ideologías. Por lo tanto, lo que define a cada uno de sus graduados no es solo su clase social, sino la capacidad de mirar el mundo con una lente diferente que no ve el color, la religión o la orientación política, sino que solo se enfoca en la dignidad humana y en el hecho que todos somos hijos e hijas adoptivos del único Dios.

Esta característica era común a las otras escuelas combonianas del país. Nadia Abdalla Idris, ingeniera de preventas de origen polaco y estudiante de Secundaria en la escuela de Port Sudan entre 1987 y1991, lo recuerda con estas palabras:

Mirando hacia atrás a esos días felices –sí, fueron días muy felices–, debo decir que aprendí de forma particular el significado de la palabra tolerancia en su forma verdadera. Allí, en el Comboni, éramos una mezcla de razas, culturas y religiones, y compartíamos los mismos pupitres, los mismos apuntes y libros. En «mi» escuela experimenté la alegría de compartir.

El Comboni College, pero también las demás escuelas católicas, han acogido siempre a un gran número de estudiantes de origen egipcio, sirio, libanés, armenio, italiano o griego. Estas comunidades tenías sus propios centros de reunión, los llamados clubs, donde se juntaban para socializar, jugar a las cartas o al billar. Algunos de ellos, como el sirio o el católico, tenías también buenas instalaciones deportivas donde se podía jugar al tenis o al baloncesto. Además, gozaban de una buena cocina donde degustar las delicias propias de la tierra de origen e incluso, hasta la aplicación de la ley islámica en 1983, beber licores.

Los católicos de ritos orientales solían frecuentar la iglesia maronita o la melquita, si bien algunos iban a la catedral latina de St. Matthew. Tras la misa vespertina, los católicos que habían participado en la celebración solía dirigirse a sus respectivos clubs para cenar y pasar la noche. Estas familias, normalmente adineradas, solían tener sirvientes en casa encargados de la cocina, la limpieza y la vigilancia nocturna.

El CCK disponía de un complejo deportivo, el Comboni Playground, que contaba con una piscina en la que se han formado algunos de los mejores nadadores del país. También la St. Francis' School tenía otra que posteriormente fue vendida a la embajada americana, que estableció allí el club para sus nacionales.

La escuela organizaba también excursiones a ciudades fuera de Jartum, como Sawakin, en la costa del mar Rojo, o viajes de carácter académico o deportivo. El equipo de baloncesto del CCK fue famoso entre los años 50 y 90 del siglo XX, cuando participó en competiciones dentro y fuera de Jartum en las que obtenía la victoria con cierta frecuencia. Uno de sus entrenadores fue Fathi Shami[6], sudanés con antepasados sirios y etíopes, que fue también seleccionador nacional. El equipo iba siempre acompañado por otros estudiantes

---

[6] Fue asesinado en su domicilio en 1992.

que ejercían de hinchada y disfrutaban de la ocasión para salir de la rutina y conocer otras escuelas combonianas como las de Port Sudan, El Obeid o Atbara.

Una actividad que hacía las delicias de los estudiantes era la proyección de películas los sábados, para los alumnos de Primaria, bajo la supervisión del P. Denicolò. El Hno. Michele Sergi construyó un espacio al aire libre en el terreno de la escuela primaria para albergar eventos culturales. A pocos metros del CCK se encontraba el cine Coliseum, que funcionó hasta el estado de emergencia decretado tras el golpe de Estado de Omar al Bashir, en 1989. Tras el pase comercial, los estudiantes del College podían disfrutar de las películas en la escuela[7]. Uno de sus alumnos durante los años 70, Adel Gobran Hanna, no olvidaría el impacto que tuvieron aquellas proyecciones:

Lo más probable es que fueran los sacerdotes del Comboni College quienes primero nos presentaron a otros estudiantes –y a mí Estados Unidos– a través de las películas. Proyectaron películas estadounidenses protagonizadas por John Wayne, Jerry Lewis y Elizabeth Taylor. Estos actores hablaban inglés con un extraño acento extranjero que no podía entender. Pero aun así, no podía esperar a ver las películas del sábado por la noche. Inmediatamente después de la jornada escolar y de la reunión de los boy scouts del sábado en el patio de la escuela, cruzaba corriendo la cancha de baloncesto hacia

---

[7]   El productor cinematográfico sudanés Talal Afifi estudió en el Comboni College entre 1985 y 1990. Aquellas películas lo llevaron a apasionarse por el cine hasta el punto de poner en marcha en 2013 la Sudan Film Factory, un proyecto para reavivar el sector en el país.

el teatro para encontrar el mejor asiento antes de que empezaran las películas.

Una vez que el toque de queda obligó a la población a volver a sus casas cuando caía la noche, tras el golpe de Estado de 1989, el Coliseum tuvo que cerrar sus puertas y se secó la principal fuente de películas.

1992, la reforma

La pérdida de personal extranjero tras la inestabilidad de1964 aceleró el proceso de sudanización del equipo docente del CCK y de otras escuelas combonianas. El fundador de la congregación hablaba de regenerar África con África, pero a veces el proceso, más que una opción consciente, fue el resultado del discurrir de la historia.

Proceso de nacionalización del personal docente del Comboni College Khartoum

Año	% de personal sudanés	Número de misioneros combonianos trabajando en el CCK[8]
1946	26,3	11
1955	49,3	23
1959	73,6	26
1993		13
2000	93	9

La disminución del número de combonianos entre el profesorado tuvo que ver también con la llegada de desplazados procedentes del sur tras el recrudecimien-

8 Fuente: Catálogo de la congregación.

to de la guerra civil en 1963, lo que provocó que buena parte de los religiosos fueran destinados a su acogida.

Después de las tensiones de 1964, la llegada al poder de Yaafar al-Numeiry en 1969 marcó el comienzo de un período mucho más tranquilo políticamente en el que prosiguió el proceso de arabización e islamización del país. En un discurso pronunciado en 1970 sobre la nueva política educativa, el dirigente afirmó que su revolución tenía como objetivo permitir que la nación sudanesa desempeñara un papel destacado en la difusión de la cultura árabe y los principios de la fe islámica en todo el continente africano.

Esta política exacerbó los ánimos en el sur, pero el acuerdo de paz de 1972 firmado en Adís Abeba trajo un período de cierta tranquilidad que se extendió hasta 1983. Entonces comenzó la segunda guerra civil y volvió a aumentar el número de desplazados sureños que huían al norte.

Precisamente en 1983 una nueva sociedad religiosa llegó a Sudán. La Sociedad de la Doctrina Cristiana[9] tomó la administración de la Comboni Boys El Obeid y en 1991 abrió una comunidad para trabajar en el CCK. La escuela de Primaria de Port Sudan era administrada por los Hermanos Cristianos, que tuvieron que dejar esta tarea junto a varios profesores en 1992 cuando el árabe se impuso como lengua para la educación. Entre ellos se encontraba el P. Beppino Puttinato, que regresó al Comboni College para trabajar

---

[9]   La Sociedad de la Doctrina Cristiana es una asociación de fieles laicos fundada por san Jorge Preca en Malta con el objetivo de enseñar la fe católica a niños, jóvenes y adultos.

como *mustashar*[10] de los ciclos de Primaria y Secundaria hasta 2001, fecha en la que se aprobó la sección universitaria.

En 1993, el Ministerio de Educación del estado de Jartum emitió un decreto por el que los directores y subdirectores de las escuelas privadas debían ser sudaneses. Esta decisión se tomó en el contexto de la reforma educativa aprobada un año antes, la tercera del siglo XX.

El sistema educativo del período colonial se mantuvo vigente hasta 1992, cuando el Gobierno de Omar Hassan al Bashir promulgó la Ley de Organización General de la Educación. La percepción en el nuevo Gobierno era que el sistema precedente había sido adaptado a partir de un modelo extranjero sin relación con las raíces culturales de Sudán, por lo que «la mayoría de los estudiantes que terminaban la escuela secundaria tenían rasgos sudaneses y mentes británicas». Para corregir esta situación y «formar la persona sudanesa integrada espiritual, moral, intelectual y físicamente», el Gobierno dio un paso más en la política de arabización e islamización de todos los niveles educativos.

Para la educación básica estableció nuevos objetivos: consolidar la instrucción religiosa y la formación doctrinal de la juventud, la transmisión del patrimonio cultural nacional, la enmienda de su comportamiento y hábitos de acuerdo con las enseñanzas religiosas, la herencia de la nación islámica y los valores de una sociedad virtuosa; la transferencia de habili-

---

[10] El *mustashar* ('consejero', en árabe) era nombrado por la congregación para administrar las escuelas en su nombre. Ante los organismos oficiales, la autoridad recaía en el director.

dades lingüísticas y conocimientos fundamentales de matemáticas a los jóvenes; brindarles la información y las experiencias necesarias para ejercer una ciudadanía activa; proponerles la oportunidad de un crecimiento integral y el descubrimiento de sus capacidades y tendencias; inculcar en el alumnado el sentido de pertenencia al país; y, por último, ayudar a los estudiantes a reconocer los dones de Dios y prepararlos para el desarrollo de los mismos, su conservación y aprovechamiento en beneficio del ser humano.

Sistemas educativos en Sudán

Edad	Antes de 1950	1950-1992	A partir de 1992	
4			Guardería (*halwa*)	
5				
6				
7	Preparatoria			
8		Primaria	Primaria	
9	Primaria			
10				
11				
12		Intermedia		
13	Intermedia			
14				
15			Secundaria	Formación profesional
16	Secundaria	Secundaria		
17			Universidad	

En el curso 96-97 se introdujeron algunos ajustes al plan de estudios con los que «se dio mayor énfasis a los aspectos prácticos y habilidades para la vida». En los primeros compases de la reforma, la Primaria podía ser mixta, mientras que la Secundaria no. Con posterioridad, en ambos ciclos los chicos y las chicas pudieron compartir las aulas. En la actualidad se ha vuelto a la educación diferenciada. En 1998 la Primaria pasó a ser obligatoria. El nuevo sistema trajo una nueva distribución de las etapas educativas que matizaba lo estipulado en los planes anteriores.

La nueva ley también se aplicó en el sur del país, habitado por diferentes etnias que se identificaban con varias culturas africanas y que sentían lo árabe como algo extraño e impuesto. Sudán, en ese momento, tenía un área de 2,5 millones de kilómetros cuadrados y alrededor de 500 grupos étnicos. Con el nuevo sistema, las competencias educativas se distribuyeron entre el Ministerio Federal de Educación, los ministerios de los diferentes estados en los que estaba dividido el país y los municipios.

Los ministerios de Educación estatales (SMoE) eran responsables de ejecutar políticas y estrategias educativas nacionales en todo el país, incluido el desarrollo de planes de financiación. Además, los SMoE debían coordinar el trabajo de las direcciones de Educación a nivel municipal. El Ministerio Federal de Educación, «seguía siendo responsable de la investigación educativa, el desarrollo curricular, el seguimiento de la calidad de la instrucción y el aprendizaje y la coordinación entre los estados». Esta descentralización implicó una gran disminución en la inversión en educación, que pasó del 15 % del presupuesto para el curso 1985-86 al 1,7 % en el ciclo 1992-93[11].

---

[11] A principios del siglo XXI se produjo un aumento sustancial en la inversión estatal en educación, provocado por el crecimiento que generaron los ingresos procedentes del petróleo. Incluso así, el porcentaje del PIB asignado a educación era mucho menor que el de otros países del entorno. Solo con la llegada del Gobierno de transición en agosto de 2019 la situación cambió, aunque las restricciones volvieron con el golpe de Estado de octubre de 2021.

El estatuto que permitía a las escuelas no gubernamentales «enseñar la traducción aprobada del programa nacional de estudios en inglés» se aprobó en 2003. Mientras que la Unity High School –fundada por la Church Missionary Society en 1902 como escuela de niñas y transformada en mixta en 1928 cuando pasó a manos de la Iglesia anglicana– siguió el plan de estudios británico, las escuelas de la Iglesia católica, incluso aquellas como el CCK, la St. Francis' School o Sisters' Schools Khartoum, en las que se había formado parte de la élite sudanesa, mantuvieron el plan de estudios estatal.

En enero de 2005 comenzó una nueva etapa en el país con la firma del Acuerdo General de Paz entre las dos partes en conflicto: el Gobierno de Jartum y el Movimiento de Liberación del Pueblo de Sudán. La nueva Constitución, que aún está en vigor, establece que la educación básica debe ser obligatoria y gratuita.

Este acuerdo también incluyó la elaboración de «un marco curricular nacional que abordase el contexto multicultural, multiétnico y multirreligioso de Sudán». El nuevo plan de estudios no se implementó y la independencia de Sudán del Sur en 2011 abrió el camino para el regreso de la propuesta identitaria basada en la religión islámica y la cultura árabe.

El Gobierno de transición salido de la revolución popular que derrocó a Omar Hassan al Bashir impulsó una nueva reforma educativa que intentaba integrar la diversidad cultural sudanesa en los nuevos planes de estudio. En noviembre de 2019, el nuevo director de Currículo Nacional e Investigación del Ministerio de Educación General del Gobierno de transición,

Omar Al-Qarray, anunció la introducción de un nuevo currículo y una distribución de las etapas educativas semejante a la que había antes de la reforma de Al Bashir, es decir con seis años de Primaria, tres de Educación Intermedia y otros tres de Secundaria. El golpe de Estado de octubre de 2021 frenó el proceso.

Capítulo 4

Una respuesta para los desplazados

Volvamos al comienzo de la primera guerra civil sudanesa. En 1955, un grupo de soldados del sur de Sudán inició un motín contra el Gobierno de Jartum. Algunos de esos militares dieron lugar a un movimiento llamado Anya Anya, que más adelante se convertiría en el Ejército Popular de Liberación de Sudán (SPLA, por sus siglas en inglés). Este conflicto causó una primera ola de desplazados del sur al norte del país, sobre todo a partir de 1963.

En 1972 se firmó un acuerdo de paz en Adís Abeba (Etiopía) que cerró el primer período del conflicto. Pero en 1983, el intento de imponer la ley islámica en el sur provocó una nueva reacción militar del SPLA. Esta segunda etapa fue mucho más violenta y generó el desplazamiento de más de cuatro millones de personas. Otros factores como el avance del desierto en el oeste y norte del país, más las severas sequías de aquel período contribuyeron a la movilización masiva desde las periferias hacia la capital del país.

Los combonianos habían creado con anterioridad una especie de clubes, los llamados *nadis*, como lugares de reunión, evangelización, oración y educación informal de los sursudaneses o los nubas que llegaban hasta el estado de Jartum. El primero de ellos fue fundado por el P. De Negri en 1948 en Jartum Bahri. El P. Carlo Muratori estableció otro en Jartum cuatro años más tarde. Este último fue clave para la evangelización de los nubas tira.

El *nadi* más famoso fue el que puso en marcha en la misma época el Hno. Michele Sergi en la antigua sede de Acción Católica que Mons. Baroni había fundado durante su época como rector del Comboni College. Una vez acabada su jornada laboral en el CCK, que se extendía de siete de la mañana a tres de la tarde, Sergi iba al *nadi* para dirigir sus actividades. La mayor parte de los miles de desplazados que llegaban a Jartum no sabían árabe. En el *nadi* recibían clases de alfabetización e instrucción religiosa, se preparaba a los niños para su ingreso en el colegio y se brindaba apoyo educativo a los estudiantes. El *nadi* era un pequeño espacio con un orden y una funcionalidad que maravillaban a todo el mundo. Una treintena de pizarras colgaban del muro perimetral. Contaban, además, con mesas y bancos. Cada aula ocupaba unos poquitos metros cuadrados y tenía el cielo por techo.

El método de enseñanza era muy sencillo y se basaba en la repetición y la memorización. La prioridad del Hno. Sergi, ayudado por los padres Giovanni Vantini y Denicolò, eran los más pequeños y su incorporación a las escuelas de Primaria. Los adultos, por su parte, aprendían a leer y escribir. Por aquel *nadi* llegaron a pasar entre 1 000 y 2 000 personas por semana.

El trabajo en aquel lugar se vio apoyado por la imprenta de la escuela de Secundaria. En mayo de 1979, la Policía ordenó al P. Armando Ciappa suspender su proyecto de escuela en Babanusa, en el estado de

Kordofán del Oeste, por lo que se vio obligado a irse a la capital. A partir de ese momento, y durante 26 años, el religioso quedó asignado a la comunidad del CCK, donde ya había trabajado. Allí retomó la obra iniciada por el P. Gaetano Gottardi y desarrolló el «apostolado de la imprenta». El primer objetivo de esta actividad era la impresión de libros didácticos, catecismos, material litúrgico y gramáticas en las lenguas tradicionales sudaneses, con una particular atención a los más empobrecidos. En segundo lugar, la elaboración de material didáctico para el College. De aquel trabajo quedaron manuales para aprender diversas lenguas, el Evangelio, misales, leccionarios o *Mi catecismo*, un libro que recogía las oraciones más comunes, el ordinario de la misa, una explicación de los mandamientos, un *vía crucis*, el rosario, las letanías y una serie de preguntas y respuestas sobre la fe católica según el modelo del Catecismo de Pío X. Aquella publicación suscitó gran interés entre la gente sencilla, por lo que el P. Armando lo reprodujo con grandes tiradas en muchas lenguas: inglés, árabe, dinka, shilluk, ndogo, belanda, tira, lotuko, bari, maban, zande...

El P. Ciappa producía y el Hno. Sergi se servía de todos esos materiales para sus actividades. «El Hno. Sergi estaba predestinado. Si hoy en todo Sudán miles de hombres y mujeres conocen a Cristo, saben leer y escribir y se las arreglan para ganarse la vida, se lo deben al Hno. Michele Sergi», escribió el P. Vantini.

El Hno. Menegotto conoció al religioso y su trabajo en noviembre de 1986. Ya entonces destacaba la presencia de voluntarios y voluntarias árabes en las actividades educativas del club:

Había oído hablar mucho de él y de su obra, pero cuando pude ver todo con mis propios ojos me quedé asombrado. La suya fue una experiencia de fraternidad y diálogo entre diferentes pueblos: sursudaneses, árabes musulmanes e incluso señoras árabes y coptas. En definitiva, un verdadero centro de cooperación y solidaridad, abierto a todos sin diferencias de raza, color, cultura o religión. Esto tiene un significado profético en un Sudán donde la discriminación religiosa y racial parece llegar al fanatismo.

Por su parte, el P. Ravasio interpretó de esta manera la obra del Hno. Sergi:

Sergi entendió antes que otros que la emigración interna del sur a Jartum no era solo un hecho histórico, sino un acontecimiento de la Iglesia. Muchos percibieron este «acontecimiento» de forma abstracta. Él, de inmediato, pasó a lo concreto. Y esto es lo que de él llama la atención: aquello que llevaba a cabo tenía éxito, lo que es un claro signo de que el Espíritu lo guio en sus decisiones. Justo aquí radica la diferencia entre su forma de actuar y la de otros más preparados, más jóvenes y quizás hasta con un título universitario en el bolsillo.

La zona donde se encontraba el club del Hno. Sergi era popularmente conocida como *Comboni mayaneen*, que literalmente significa el 'Comboni de los locos'. Allí se construiría el edificio de la Facultad de Educación del Comboni College of Science and Technology (CCST) bajo el nombre de Casa Comboni-Sergi.

Salvar lo Salvable

En 1981, Mons. Agostino Baroni fue sucedido al frente de la diócesis de Jartum por el primer obispo sudanés, Gabriel Zubeir Wako. Este arzobispo, nombrado cardenal en 2003, tuvo que liderar la respuesta de la Iglesia a la ola de desplazados causada por la segunda guerra civil sudanesa. En 1986 pidió a los combonianos que abrieran algunas clases para estudiantes de Secundaria desplazados. Esta iniciativa fue el inicio de una nueva escuela creada más tarde, la St. Augustin's Senior Secondary School.

Ese mismo año, la Archidiócesis de Jartum inició un programa educativo de emergencia para desplazados internos bajo la coordinación del P. Giambattista Antonini, quien involucró a otros combonianos que trabajaban en el CCK como los padres Paolo Grumini, Luigi, Giacomo Mosciatti, Giovanni Manzi, y a varias misioneras combonianas como las Hnas. Eufrasia Fucina, Bianca Benatelli, Teresita Scatolaro, Maria Butti, Orlanda La Marra o Giuseppina Margoni.

El P. Grumini tomó el relevo en la dirección de la Oficina Diocesana de Educación, encargada de este programa en 1992, y permaneció en ella hasta 2002. Cuando era necesario obtener algún permiso ministerial para permitir la entrada de nuevo personal misionero o ampliar algunas escuelas, los superiores le pasaban la tarea al P. Grumini por su red de relaciones y por su carisma personal para conseguir lo que fuera necesario para el bien de la Iglesia.

Se abrieron poco a poco 48 centros educativos, principalmente en el estado de Jartum, que atendieron a 8 500 estudiantes durante los tres primeros cursos de Primaria con el objetivo de facilitar su inserción en las escuelas estatales. La mayoría de ellos habían perdido años de escolarización a causa de la guerra, por lo que eran considerados demasiado mayores para ser aceptados en los centros públicos que, por otra parte, carecían de espacio y recursos.

A principios de los 90, Sudán tenía una escuela por cada 512 niños de entre 6 y13 años de edad. Sin embargo, un informe de UNICEF de 1996 subrayaba que la diferencia era abismal entre el norte y el sur. En la zona septentrional, el ratio era de una escuela por cada 431 niños, mientras que en la meridional, el número de pequeños por cada centro escolar se elevaba a 3 417. Además, estos niños desplazados, que hablaban sus lenguas maternas, no sabían suficiente árabe como para estudiar en las escuelas públicas. La presencia de los refugiados suponía un gran reto para los ayuntamientos. Con la redistribución de competencias, las corporaciones municipales debían asumir el reparto de los libros de texto o el pago de los sueldos de los profesores. Aquello excedía sus capacidades. Algunos años más tarde, en 2002, el número de niños desplazados en el área metropolitana de Jartum se estimó en 792 000. Dada la magnitud del desafío, algunos ayuntamientos solicitaron a la Iglesia católica extender su oferta educativa más allá del cuarto año de Primaria, en lugar de enviar a los estudiantes a las escuelas públicas.

En este contexto nació el programa de emergencia *Save the Saveable* ('Salvar lo salvable'), que se desarrolló gracias al apoyo de donantes extranjeros. En

2002 el número de centros educativos llegó a 90 y el de alumnos a 54 000 desde Preescolar hasta octavo de Primaria. En lugar de facilitar la inserción de estos niños en las escuelas públicas, el programa se convirtió en una iniciativa paralela al sistema educativo gubernamental. Desplazados de otras regiones, principalmente de Darfur, también se asentaron en las periferias de la capital y se beneficiaron de estas escuelas. Mientras que la mayor parte de los sursudaneses eran cristianos, la mitad de los nubas y la mayoría de los darfuríes eran musulmanes.

Los desplazados se instalaban en las periferias de las tres grandes ciudades del estado de Jartum. Por su rápido crecimiento, estos asentamientos se integraban inmediatamente en el tejido urbano, por lo que el Ministerio de Urbanismo organizaba operaciones para desplazarlos más hacia las afueras. En un reportaje periodístico publicado en 1992 por Scott Peterson en *The Christian Science Monitor,* el autor denunciaba que «el Ejército sudanés –con las bayonetas caladas en los rifles de asalto– desalojó con mano dura a 425 000 personas de sus infraviviendas en barrios marginales o zonas de descarga de la basura».

Al principio, las escuelas de *Save the Saveable* se distinguían de los colegios combonianos ya existentes, pero tras la beatificación de Daniel Comboni en 1996, incluso las primeras pasaron a ser conocidas como Escuelas Comboni. La financiación de los centros educativos era uno de los factores que diferenciaban a estos centros escolares. Mientras que las escuelas combonianas creadas con anterioridad eran autosuficientes, al menos para el funcionamiento ordinario, las que se integraron en el último proyecto dependían de la financiación extranjera. Las principales oenegés donantes fueron Misereor, de la Iglesia católica en Alemania; Cafod, de la Iglesia católica en Inglaterra y Gales; y, por último, Bilance y Christian Blind Mission, ambas de Países Bajos.

Escuelas Comboni en el estado de Jartum no incluidas en el programa Save the Saveable *(enero 1994).*

Escuela	Año de fundación	Estudiantes cristianos	Estudiantes musulmanes	Total
Sisters' School Khartoum (SSK)	1928	293	483	800*
Comboni College Khartoum (CCK)	1929	697	704	1 439*
Comboni Girls Omdurman	1931	653	937	1 590
St. Francis' School	1951	970	1 106	2 076
Comboni Boys Omdurman	1952	385	439	824
St. Joseph's Technical School	1952	640	50	690
Villa Gilda School	1953	249	546	795
Comboni School Khartoum Bahri	1971	365	20	385
Comboni School Saggana	1973	359		359
Comboni Girls' School Hila Mayo	1974	577		577
St. Augustin's Senior Secondary School	1991	205		205
TOTAL		5 393	4 285	9 740

*SSK y CCK tenían 24 y 38 estudiantes respectivamente que no eran ni cristianos ni musulmanes

Aunque fue creada durante el programa *Save the Saveable*, la St. Augustin's School no fue considerada como parte del mismo, ya que era una escuela secundaria programada para ser estable desde el principio. Comboni School Saggana y Comboni Girls' School Hila Mayo, en cambio, se crearon antes del inicio del programa como respuesta a la creciente presencia de desplazados internos. La primera pasó a ser administrada por las Hijas de María Auxiliadora y la segunda por el sacerdote responsable de la parroquia de los Mártires de Uganda.

En 1997 se llevó a cabo una evaluación interna del programa para informar a los donantes sobre su progreso. En 2001 un consultor externo visitó las escuelas dos veces y redactó un informe. El objetivo principal de estas dos evaluaciones era estudiar la sostenibilidad del programa. El segundo informe concluyó que era necesario pasar de una mentalidad de respuesta a una emergencia a un programa de desarrollo a través de la participación de recursos locales:

> (...) la Iglesia debe mantener su papel en la educación y debe continuar participando en el sistema educativo a través de la educación cristiana en las escuelas públicas y de la administración de sus propias escuelas. La Iglesia debe mantener su «filosofía cristiana» en la educación y, por lo tanto, no debe renunciar a su derecho a la evangelización. La misión de la Iglesia es educar a sus propios hijos en el estilo de vida cristiano.

Algunas de estas escuelas, construidas a veces con estructuras muy sencillas, se toparon con diferentes planes de desarrollo urbanístico que hacían pasar calles o carreteras por centros de oración o colegios de la Iglesia. Así sucedió el 19 de julio de 1997. La escuela católica Jebel Hilla, en el campamento de desplazados de Jebel Aulia, fue arrasada por tres excavadoras bajo la supervisión de las autoridades gubernamentales y bajo la protección de cuatro camiones repletos de policías y soldados. Construida en terrenos pertenecientes al Arzobispado de Jartum, en ella se formaban más de 800 niños y niñas de un barrio de infraviviendas ubicado no lejos de la presa de Jebel Aulia, a unos 50 kilómetros al sur de Jartum. Durante el curso 1996-97 ocupó el primer puesto en la lista de honor de las escuelas de la región.

Para el curso siguiente, la Iglesia católica había decidido mejorar sus instalaciones y sustituir sus estructuras de madera y bambú por un edificio permanente. Se presentó una solicitud para la construcción a las autoridades, y la respuesta llegó bajo la forma de una demolición inesperada, después del mediodía, mientras algunos de los maestros estaban aceptando la solicitud de nuevos estudiantes para el próximo curso escolar.

En 2002 se realizó una tercera evaluación del programa *Save the Saveable*. En esa época, la Archidiócesis de Jartum administraba 13 escuelas Comboni —entre las que se encontraban las de Atbara y Port Sudan, dos ciudades ubicadas fuera del estado de Jartum—, alrededor de 212 jardines de infancia y varias escuelas de Primaria que atendían a 71 000 alumnos, la mayoría cristianos. Contaban con 1 832 profesores y 770 auxiliares, entre personal administrativo, de limpieza o servicios.

Dadas las malas condiciones de vida de estas familias desplazadas, *Save the Saveable* se amplió, con el paso del tiempo, con un programa de alimentación escolar. En cerca de 100 centros del estado Jartum se apoyaba la alimentación de 47 000 alumnos, 1 200 profesores y 540 miembros del personal auxiliar.

El impacto del programa se puede apreciar en el número de alumnos que realizaron el Examen General de Certificación de la Escuela Primaria (GPSC, por sus siglas en inglés) y el porcentaje de los que lo aprobaron.

Desarrollo del programa Save the Saveable (1987-2002)

Año	Centros	Clases	Profesores	Estudiantes	Personal auxiliar	GPSC[1]	Aprobados %
1987-1988	48	250	250	8 500	150	-	-
1988-1989	52	295	302	10 300	175	-	-
1989-1990	60	390	345	17 200	200	-	-
1990-1991	68	430	510	2 100	220	-	-
1991-1992	70	450	590	23 500	270	320	83
1992-1993	71	470	620	27 600	280	400	85
1993-1994	72	480	720	3 500	302	420	72
1994-1995	75	499	900	35 300	320	450	68
1995-1996	79	596	1 110	39 500	320	507	60
1996-1997	82	798	1 150	41 600	325	1 389	72
1997-1998	87	810	1 200	44 500	350	1 737	72
1998-1999	85	699	985	42 112	484	1 725	71
1999-2000	89	798	1 025	45 154	514	1 834	81
2000-2001	90	790	1 078	48 172	549	2 777	79
2001-2002	87	784	1 179	46 267	519	-	-

Save the Saveable mejoró el acceso a la educación de niños de familias de desplazados internos. También dio la posibilidad a los padres cristianos de que sus hijos estudiaran en una escuela coherente con sus creen-

---

[1] Alumnos que se presentaron al GPSC.

cias religiosas. No obstante, el absentismo fue elevado y muchos abandonaron después del cuarto curso.

El programa estaba a cargo de una oficina integrada en la Secretaría de Educación de la Archidiócesis de Jartum. En su evaluación, el equipo directivo señaló que el número de escuelas era demasiado grande para cumplir con el objetivo de la calidad, por lo que sugirió cerrar aquellas que tenían muy pocos alumnos y fusionar las que estuvieran ubicadas en la misma zona.

En ese análisis también se subrayó que la calidad de las escuelas dependía del apoyo del párroco responsable. Cuando este pertenecía a una congregación había más recursos y un mejor seguimiento de su funcionamiento, mientras que a los diocesanos les resultaba más difícil obtener fondos adicionales para estos colegios.

Otro tema crítico del informe fue el relacionado con el llamado «síndrome de dependencia de la Iglesia». Debido a la pobreza de la población y gracias al apoyo de organizaciones extranjeras, las escuelas eran gratuitas. Esto condicionó la sostenibilidad del proyecto, que cerró en 2010. Los donantes fueron reduciendo progresivamente los fondos y consideraron que un programa de emergencia debía tener una duración limitada.

La Archidiócesis de Jartum ya había decidido acabar con *Save the Saveable*. Cada parroquia debía reducir a un máximo de dos el número de escuelas en su circunscripción. Estas se convertirían en escuelas parroquiales comunitarias bajo la responsabilidad del sacerdote. Normalmente, las parroquias se decantaron por las que tenían mejores instalaciones y contaban con una comunidad dispuesta a pagar las cuotas para asegurar, de esta manera, su autosuficiencia.

Estudiantes del Comboni College en 1930.

*Competición de salto de longitud durante el Día
del Deporte celebrado el 8 de abril de 1934.*

Fotografías de Archivo Mundo Negro, Jorge Naranjo, Enrique Bayo y Carla Fibla.

*Avenida del Qasr, que lleva hacia el palacio presidencial
en Jartum. De izquierda a derecha, la sede central del
Comboni College of Science and Technology, la capilla
y la residencia de la comunidad comboniana.*

*P. Jorge Naranjo en su oficina con un cuadro de un artista
local, Yousif Shashati, a su espalda. La obra representa
el encuentro entre Comboni y el sultán Kakum en El
Obeid en 1872. Este representante de los nubas pidió
a Comboni la apertura de una escuela en Dilling.*

Pasillo de la escuela de Secundaria del
Comboni College Khartoum.

Sesión de exámenes del Comboni College of Science and Technology en la antigua residencia de estudiantes del Comboni College Khartoum.

Celebración intercultural en el patio de la sede central del Comboni College of Science and Technology.

*Estudiantes de Secundaria del CCK en el patio
de la escuela antes de empezar las clases.*

*Una profesora y varios alumnos de Primaria del CCK
durante el desfile matinal antes de empezar las clases.*

El P. Jorge Naranjo con algunos estudiantes de Tecnología de la Información en la terraza de la Facultad de Informática.

Estudiantes de Primaria posan y sonríen delante de una imagen de san Daniel Comboni.

*Estudiantes del Grado de Enfermería del CCST llegados a
Port Sudan para la formación práctica tras haber completado
la teoría* online *a través de la plataforma digital con la que
el College ha continuado trabajando durante la guerra.*

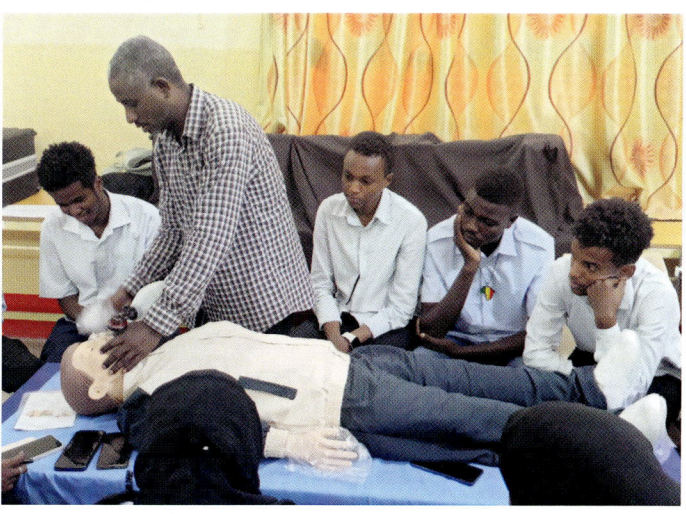

*Estudiantes de enfermería del CCST son introducidos
a la reanimación cardiorrespiratoria en el laboratorio
antes de ir a los hospitales para la práctica clínica.*

Entrada de la capilla del Comboni College
después de la misa dominical.

Capilla del Comboni College durante una misa
diaria antes del inicio de las clases de la escuela y la
universidad. A ambos lados del arco central, imágenes
de santa Josefina Bakhita y san Daniel Comboni.

La consecuencia fue que algunas que habían estado bajo el paraguas del programa *Save the Saveable* tuvieron que cerrar, especialmente cuando la independencia de Sudán del Sur en 2011 provocó un éxodo de sursudaneses lejos de Jartum y de varias ciudades del norte. Otras escuelas que habían sido descartadas por las parroquias pasaron a ser dirigidas por asociaciones de profesores.

Escuelas católicas en el estado de Jartum (2017)

	Titularidad	Administración	Nombre	N.º
1	Misioneros Combonianos (MCCJ) y Misioneras Combonianas (CMS)	MCCJ y CMS	Comboni College Khartoum, Villa Gilda School, Comboni Girls Omdurman	3
			Comboni College Khartoum (vespertina)	3
2	Archidiócesis de Jartum	Congregación religiosa	Sisters' School Khartoum, St. Francis' School, Comboni Boys Omdurman, St. Joseph's Technical School, Izba School, Comboni School Saggana	6
3	Escuelas parroquiales comunitarias	Párroco	13 parroquias	26
TOTAL				38

El Comboni College responde al reto

El énfasis en la calidad de la enseñanza conllevó algún quebradero de cabeza para los misioneros combonianos del CCK. Algunos desplazados sursudaneses acusaron a los religiosos de colaborar con la élite del norte al considerar que formaban a sus jóvenes en la excelencia. Además, señalaron a los combonianos por tener «una estrategia pastoral diferente» a la de la Archidiócesis de Jartum, que había centrado sus fuerzas en la acogida de los desplazados. De hecho, hubo un fuerte debate interno entre los combonianos sobre la posición que debía adaptar el CCK ante aquel éxodo. Los religiosos se dividieron entre los que pensaban que su admisión implicaría la disminución de la calidad educativa y los que consideraban que era un deber abrir las puertas a los desplazados. Más allá del debate interno, el centro no fue ajeno a su llegada y el perfil del alumnado fue cambiando con el paso de los años.

Estudiantes de Secundaria del CCK
procedentes del sur de Sudán[2].

Año	Estudiantes sursudaneses y nubas	Total de estudiantes	Porcentaje
1987-1988	17	340	5 %
1988-1989	30	368	8,15 %
1989-1990	61	407	14 %
1990-1991	111	438	25,34 %
1991-1992	131	470	27,85 %
1992-1993	155	501	30,93 %
1993-1994	147	441	34,93 %
[...] 2000-2001	147	441	33,30 %
2002-2003	128	359	35,6 %
2003-2004	103	330	31,21 %
2004-2005	106	340	31,17 %
[...] 2017	298	427	69,8 %

[2] De nacionalidad sursudanesa desde la independencia del país en 2011.

Además del papel que jugaron algunos combonianos que trabajaron en el CCK en la creación y desarrollo del programa *Save the Saveable*, que educó a miles de desplazados del sur, de los montes Nuba y de la región de Darfur, conviene destacar a muchos estudiantes que, con el tiempo, se convirtieron en líderes del nuevo país o se abrieron paso en la vida más allá de su tierra de origen.

Un ejemplo es Lupisaly Roman. Después de completar Primaria y Secundaria en el Comboni College entre 1999 y 2006, estudió Ingeniería de Minas en la Universidad de Jartum. En la actualidad dirige una consultoría de ingeniería minera en Yuba, la capital sursudanesa, y asesora al Ministerio de Minería como inspector y consultor de la Dirección de Desarrollo Mineral. Su trabajo contempla la ejecución de las investigaciones e inspecciones necesarias para garantizar que las actividades mineras cumplan con las disposiciones legales, que se proteja la salud y la seguridad de la población y del personal y que se cumplan las leyes ambientales. También es el fundador de la revista *South Sudan Mining Journal*.

Edward Eremugo Kenyi nació en Yuba y terminó Secundaria en el Comboni College en 1992. Se licenció en Medicina en 1999 por la Universidad de Yuba, que entonces tenía su sede en Jartum. Trabajó como médico en Darfur y Jartum antes de especializarse en salud pública en la Universidad de Heidelberg (Alemania) en 2007. También trabajó en Sudán del Sur en varios programas de atención primaria entre 2010 y 2015. Se benefició del programa de becas Hubert Humphrey, del Departamento de Estado estadounidense en 2016, con una estancia en la Escuela de Salud Pública Rollins, de la Universidad de Emory, en Atlanta. El doctor Kenyi trabaja en la actualidad con Jhpiego, una filial de la Universidad Johns Hopkins, en Baltimore (EE. UU.). Además, es un escritor de éxito.

Los antecedentes de la universidad

El *Plan* de Comboni preveía la creación de «pequeñas universidades teológicas y científicas» en algunas ciudades estratégicas del continente africano. En 1929, los Misioneros Combonianos habían hecho una gran inversión en el campo educativo en Sudán con la fundación del CCK. Tanto el P. Agostino Baroni como sus sucesores en el Comboni College en la década de los 50 proyectaron la extensión de esta propuesta educativa a los estudios universitarios.

Este paso estuvo a punto de ejecutarse en 1964, pero los acontecimientos políticos anteriormente descritos hicieron que parte de los profesores extranjeros que debían impartir el nuevo programa universitario abandonaran el país.

Unos años más tarde, el 10 de noviembre de 1983, el presidente de Sudán, Yaafar al-Numeiry, visitó al papa Juan Pablo II en Roma. Después de esa reunión y de las orientaciones recibidas de la Santa Sede, el 8 de diciembre de 1983 el pro-nuncio apostólico en Sudán, Mons. Giovanni Moretti, escribió al superior provincial pidiendo a los Misioneros Combonianos que «aceptaran un proyecto que es una empresa de graves consecuencias, pero que será un factor decisivo para la Iglesia en el país». El diplomático informaba de que el presidente sudanés en persona había hecho una solicitud oficial al Papa para que la Iglesia impulsara una universidad católica. En particular se hablaba de una universidad politécnica. En el encuentro entre el presidente sudanés y el Papa, el primero renovó la solicitud ya presentada en 1982 a Mons. Moretti. El pro-nuncio interpretó aquella petición como una «señal de los planes de Dios».

El 14 de marzo de 1983, tras aquella petición de Al-Numeiry, una delegación enviada por la Congregación para la Educación Católica elaboró un informe en el que Mons. Moretti escribió para convencer al superior provincial de los Combonianos sobre la importancia de comprometerlos en el proyecto: «En ningún momento en el pasado se ha presentado una ocasión como esta. Creemos que tal institución ayudaría a fortalecer la posición de la Iglesia con la minoría católica en Sudán. No me detengo a elaborar esta idea, pero creemos que bien podría ser un paso tan importante como la apertura en China. Esta es una apertura rara en el mundo islámico».

Los obispos sudaneses apoyaron la iniciativa, pero no tenían «ningún recurso para emprender un proyecto tan grande», por eso Mons. Moretti pedía el apoyo de los Combonianos y de otras organizaciones católicas.

La iniciativa fue dejada de lado cuando ese mismo año Al-Numeiry y su Gobierno militar, tratando de ganarse el apoyo de las élites del norte, aplicaron la ley islámica en todo el país. Era el comienzo de la segunda guerra civil en Sudán.

A pesar del cambio en la coyuntura política, Juan Pablo II no olvidó la idea. Continuó insistiendo a los obispos durante sus visitas *ad limina* sobre la necesidad de crear dicha universidad en Jartum. Una solicitud similar fue dirigida por el mismo Papa a los obispos de Etiopía.

Mientras que Comboni ubicaba esas «pequeñas universidades» en lugares donde los misioneros europeos y las poblaciones del interior de África pudieran convivir, Juan Pablo II pensó en Jartum y Adís Abeba por su situación estratégica en el marco de su visión misionera del continente. El primer ministro etíope, Meles Zenawi, siguiendo los pasos del presidente sudanés, presentó una petición similar a Juan Pablo II en abril de 1997.

Jartum constituía una frontera entre las culturas africanas negras y la cultura árabe. En la mente del Papa, esta universidad debía formar profesores católicos, ya que «la ley local hace obligatoria la instrucción religiosa en las escuelas públicas», y construir «una nueva era de diálogo constructivo y de buena voluntad» entre cristianos y musulmanes. Estas palabras fueron pronunciadas por Juan Pablo II durante los años más crueles de la guerra entre el norte de mayoría islámica y el sur de mayoría cristiana.

En su audiencia a los peregrinos que viajaron a Roma con motivo de la canonización de san Daniel Comboni, el Papa habló sobre su plan y dijo: «Deseo fervientemente que el proyecto de fundar una universidad católica en Sudán, la tierra querida de Comboni, sea asumido y realizado. Estoy convencido de que una institución tan importante brindará un servicio cualificado a toda la sociedad sudanesa».

En la visita *ad limina* de los obispos sudaneses en 2003, el Papa insistió de nuevo en el proyecto de la universidad: «Me gustaría animaros a reavivar vuestros esfuerzos para establecer una universidad católica en Jartum. Tal institución permitiría que la contribución invaluable que la Iglesia hace en la educación primaria y secundaria se lleve a cabo también en el área de la educación terciaria. Una universidad católica también os sería de gran ayuda para cumplir con el deber de asegurar maestros debidamente capacitados disponibles para impartir instrucción cristiana en las escuelas públicas».

Ese mismo año, el cardenal Gabriel Zubeir Wako, arzobispo de Jartum, relanzó la idea y creó un comité para estudiar su viabilidad. En julio de 2007, la Conferencia de Obispos Católicos de Sudán (SCBC, por sus siglas en inglés), decidió establecer una universidad nacional. Hubo discusiones sobre el nombre. Algunos prelados se decantaron por llamarla Universidad Católica de Sudán. Otros defendieron la conveniencia de denominarla Universidad Comboni de Sudán, por ser más adecuada en un contexto islámico en el que la palabra «católico» podía suscitar ciertas resistencias. Además, las escuelas combonianas ya eran muy conocidas en el país. Finalmente, se optó por la primera opción.

Los obispos tenían la intención de proporcionar al pueblo sudanés una educación integral y completa desde los niveles más bajos hasta los más altos; pretendían crear un ambiente educativo que promoviera la adquisición de habilidades de nivel superior y estimulara una fuerte formación ética y espiritual, en la tradición de la educación católica; deseaban ofrecer un mayor acceso a la educación universitaria para los sudaneses sin acceso a otras instituciones terciarias, especialmente a los jóvenes de las zonas más pobres, enfatizando en la igualdad regional y de género; y querían desarrollar una institución con capacidad de llevar a cabo investigaciones sobre temas y cuestiones de interés social, nacional y regional.

La SCBC encargó en 2007 el proyecto a un sacerdote jesuita, el P. Michael Schultheis. Este experto en la creación de universidades católicas visitó Jartum. Allí se encontró con el P. Beppino Puttinato, un misionero comboniano que ya había obtenido la aprobación del Ministerio de Universidades e Investigación Científica de Sudán para el Comboni College of Science and Technology (CCST) en 2001. El P. Schultheis visitó también a los funcionarios del Ministerio para informarse de los requisitos para establecer una nueva universidad.

El proceso para un proyecto de ese tipo en Jartum era demasiado complejo y largo. En cambio, en el sur, durante el período de transición que se inició tras la firma del Acuerdo General de Paz de 2005 entre el Gobierno de Jartum y el SPLA, los trámites eran más sencillos e incluso el Gobierno podía ofrecer terrenos de forma gratuita[3]. La idea era desarrollar un modelo de universidad que estuviera compuesta por facultades (o escuelas) en diferentes lugares del sur (Yuba, Wau y

---

[3]   Durante el intervalo pacífico entre la primera y la segunda guerra civil, el Gobierno sudanés había creado una universidad pública en Yuba, pero la violencia de los combates que tuvieron lugar a partir del 1983 obligaron a trasladarla a Jartum.

Malakal). Al tomar la decisión, los obispos, como declaró su Comité de Planificación Universitaria en diciembre de 2007, tenían como objetivo brindar «una oportunidad para que la Iglesia esté presente, no solo en la formación de futuros líderes, sino también para contribuir a las discusiones sobre el futuro del sur de Sudán y de todo el país». Se dio prioridad al sur, más necesitado de desarrollo. De hecho, el *Plan Maestro* proponía «tres facultades fundacionales, ya que abordan las necesidades inmediatas en Sudán y sientan las bases para el desarrollo futuro, especialmente en el sur de Sudán».

El 1 de agosto de 2008, el Ministerio de Educación, Ciencia y Tecnología del Gobierno de Sudán del Sur otorgó una autorización provisional a la Universidad Católica para llevar a cabo su programa educativo. El proyecto abrió sus puertas el 29 de septiembre de 2008 en Yuba como un proyecto de la Conferencia Episcopal.

Después de la independencia de Sudán del Sur en 2011, la institución pasó a denominarse Universidad Católica de Sudán del Sur.

¿Qué pasó con el viejo sueño de una universidad católica en Jartum? ¿En qué consistía el CCST?

Capítulo 5

LA GESTACIÓN DE UN ELEFANTE

Entre 1991 y 2001 el P. Puttinato estaba a cargo de las secciones de Primaria y Secundaria del CCK. Hacia 1999, un grupo de padres de los estudiantes de Primaria le insistieron sobre la necesidad de desarrollar un proyecto universitario para que sus hijos pudieran completar toda su formación a la luz de la visión educativa comboniana.

Eran años muy duros en lo que se refiere a la aplicación de la ley islámica por parte del Gobierno de Al Bashir, por lo que parecía improbable que una iniciativa amparada por la Iglesia católica pudiera salir adelante.

El P. Puttinato respondió a la propuesta en estos términos:

—Me comprometo a intentar convencer al arzobispo y al provincial de los Combonianos, pero vosotros me ayudaréis a conseguir la aprobación del Ministerio.

El religioso había sido ordenado sacerdote el 14 de marzo del 1959 por el arzobispo de Milán, Giovanni Battista Montini, que más tarde sería el papa Pablo VI. Unos meses después llegaba a Sudán sin haber tenido la posibilidad de estudiar inglés o árabe. Su primera misión consistió en el cuidado de los estudiantes de la residencia. Con el paso del tiempo aprendió inglés hasta el punto de convertirse en un versado profesor de esta lengua tanto en el CCK como en Comboni Port Sudan.

El P. Beppino se presentó ante el superior provincial de los Misioneros Combonianos, P. Salvatore Pacifico, que cuestionó la propuesta:

–¿Estás acercándote a los 70 años y quieres empezar un proyecto tan grande?

El P. Puttinato tiró de ironía para responder a su superior:

–¿Entonces prefieres que empiece a cavar mi tumba?

La resistencia del P. Salvatore no tenía tanto que ver con la edad del P. Beppino como con la escasez de personal y las posibles implicaciones financieras del proyecto. Sin embargo, la idea tuvo el *nihil obstat* del superior provincial y del arzobispo de Jartum, Mons. Gabriel Zubeir Wako.

Tras consultar a diversos expertos y considerar el carácter científico de la Secundaria, que ya había acogido el primer laboratorio de ordenadores de Jartum, se decidió empezar por un grado de Informática. Se trataba de ofrecer una buena educación universitaria con particular atención, en palabras del P. Beppino, a estudiantes «pobres y capaces».

Otra pregunta que había que realizarse era dónde ubicar la sede del nuevo ciclo universitario. Hubo quien sugirió comprar un nuevo terreno, aunque al final se decidió usar el edificio creado como internado para estudiantes de Secundaria que se acababa de cerrar, donde precisamente el P. Beppino había comenzado su vida misionera en Sudán. Aunque el Ministerio insistió en la independencia de las dos instituciones, la elección de un edificio del complejo del CCK como sede del proyecto universitario era la manera de subrayar la continuidad de ambas iniciativas.

El P. Beppino solía recordar que el período de gestación de un ser humano es de nueve meses, el de un burro es de un año, mientras que el de un elefante indio alcanza los 24 meses. Dado que el tiempo transcurrido desde la presentación del proyecto en el Ministerio en 1999 hasta la aprobación final fue de dos años, cabía preguntarse si el CCST estaba destinado a ser un elefante indio.

La aprobación llegó el 5 de abril del 2001 con el nombre de Comboni College for Computer Science y el primer grupo de 27 estudiantes empezó las clases el 1 de noviembre de ese año. Este paso había sido posible gracias a la insistencia ante el Ministerio de algunos miembros del Comité de Padres, ciudadanos musulmanes en su mayoría. En particular hay que destacar a Abdalah Khalil, Nahla Gafer y John Rubena.

Un año después, en 2002, el Ministerio aprobó que también se impartieran cursos de formación continua de Inglés, Italiano y Fundamentos de Informática.

Los cursos de inglés tenían mucha aceptación entre las clases media y baja. Había una necesidad muy grande de formación porque el nivel en esta lengua había bajado mucho desde la introducción de las políticas de arabización e islamización. La clase alta local solía matricularse en el British Council.

La formación en informática tenían que ver con una nueva necesidad que el proceso de digitalización de la sociedad había suscitado, mientras que la de italiano era la única de este tipo que se impartía en todo el país. A través de estos cursos, dirigidos por la doctora Nahla Gafer, el College conseguía equilibrar los escasos ingresos que todavía generaban los cursos universitarios.

La doctora Gafer había completado Secundaria en la Sisters' School Khartoum, por lo que tenía un nivel muy elevado de inglés y un elevado sentido de pertenencia a la familia comboniana. El P. Puttinato la contrató en 1992 como secretaria y traductora en la escuela de Primaria durante un período de pausa de la Universidad de Jartum por las manifestaciones que se desarrollaron en la época. De esta manera pudo costearse sus estudios de Medicina. Más adelante se convirtió en su mano derecha también para la fundación de la sección universitaria.

En 2004, el Ministerio aprobó dos nuevos diplomas universitarios trienales, uno de Tecnología de la Información aplicada a la Contabilidad, y el otro a la Administración. Eran programas de carácter práctico que preparaban a los graduados para trabajar en oficinas, pero sus graduados llegaron a copar puestos en instituciones como la Khartoum University of Applied Sciences, la Universidad Católica de Sudán del Sur, así como en bancos, hoteles o en el mismo aeropuerto de Yuba.

La introducción de nuevos programas llevó al Ministerio a sugerir el cambio de nombre de la institución. Así, el 24 de noviembre del 2005 el CCK pasó a llamarse Comboni College of Science and Technology (CCST).

La contribución del P. Beppino Puttinato a la educación de millares de sudaneses desde 1959 no había pasado desapercibida a ojos de las autoridades. El 13 de diciembre de 2005, el general Omar Hassan al Bashir le confirió la Medalla de Oro de la Orden de las Ciencias y las Artes. Había llegado a Sudán con su formación sacerdotal, pero había sido capaz de desarrollar junto al personal local una obra de gran impacto.

El 8 de febrero de 2006 tuvo lugar la ceremonia de graduación de la primera promoción de Informática. Fueron 14 estudiantes.

El 1 de julio de ese año, con el inicio del segundo semestre, se empezó a usar parte de la tercera planta del nuevo edificio del CCST, ubicado al sur de la capilla y al este de la sección de Secundaria. El 14 de octubre se inauguraba la otra parte, una sala grande que se convertiría en auditorio para eventos, reuniones o exámenes.

En 2008, el Ministerio de Universidades e Investigación Científica aprobó un nuevo grado en el CCST, el de Ciencias de la Educación y la Religión Cristiana, al que se había llegado tras un recorrido bastante particular.

El Sínodo diocesano de 1992, celebrado un año después del decreto de reforma del sistema educativo sudanés, había decidido la creación de un programa de formación de profesores de religión cristiana que pudiera asegurar las clases en esta asignatura. La nueva ley incluía clases de religión en todas las etapas formativas y se dejaba la posibilidad a los alumnos cristianos de escoger la siempre que hubiera un número determinado por aula y que el profesor tuviera la titulación necesaria.

Por este motivo, el Sínodo encargó al misionero comboniano P. Camillo Ballin la creación de un programa de formación específico. Esto sucedió en 1994 bajo el nombre de Catholic Teachers Training College (CTTC). Su implementación comenzó antes de que fuera presentado al Ministerio de Universidades e Investigación Científica, quizás por la intuición de que en aquellos años de estricta aplicación de la ley islámica sería imposible obtener su aprobación.

Desde su fundación hasta 2008, el CTTC completó la formación de 365 profesores, tanto católicos como de otras denominaciones cristianas. Años más tarde, bajo la dirección de Paule-Germaine Korbani, religiosa de origen libanés de la Caridad de Jean Antide, se intentó su aprobación y el Ministerio obligó a la Iglesia local a presentarlo como grado del CCST si querían obtenerla. El programa recibió la licencia como Grado en Ciencias de la Educación y la Religión Cristiana en 2008. Se necesitaron cinco años para trasladar su primera ubicación, en el último piso del internado del CCK, a un edificio situado en el antiguo *nadi* Sergi, la Casa Comboni-Sergi.

El 19 de febrero de 2014, un comité técnico del Ministerio de Universidades revisó los contenidos estudiados por sus 385 alumnos y acreditó sus estudios. El sacerdote franciscano Peter Bazilio sucedió a la Hna. Paule-Germaine y coordinó el programa desde 2011 hasta 2019. Otro comboniano, el P. Norberto Stonfer, tras dejar su servicio al frente de la rama de Secundaria del CCK, asumió a continuación la coordinación de este programa.

Consecuencias de una separación

El 9 de enero de 2005, el líder del SPLM, John Garang, y el presidente de Sudán, Omar Hassan al Bashir, firmaron un acuerdo de paz que inauguraba un período de transición que debía concluir con un referéndum a través del cual los sursudaneses decidirían si querían seguir formando parte de la República de Sudán o elegían la independencia. Garang, sursudanés, se convertía en vicepresidente del país el 9 de julio de ese año.

Sin embargo, duró poco en el cargo. Garang murió el 31 de julio de ese año en un accidente aéreo cuando volvía en un helicóptero presidencial ugandés de un encuentro en Kampala con el presidente de aquel país, Yoweri Museveni. Su entierro en Yuba estuvo precedido por disturbios y motines que dejaron un saldo de 130 personas fallecidas –111 en la capital, Jartum–, 402 heridos y 1 400 detenidos en la capital sudanesa.

Garang ambicionaba un Sudán unido, pero con una Constitución donde se estableciera la separación entre religión y Estado para construir lo que él llamaba un «nuevo Sudán» que integrara la diversidad cultural. A su muerte fue sustituido por otro líder del SPLM, también dinka, Salva Kiir Mayardit.

A pesar de la pérdida de Garang, el período de transición trajo la paz entre el sur y el norte del país y un ambiente de mayor libertad religiosa. Pero todo esto no fue suficiente para convencer a la mayoría de los sursudaneses de que era posible el nuevo Sudán soñado por el político fallecido. Las dos guerras civiles habían dejado demasiadas heridas y los sursudaneses tenían la convicción de que los árabes del norte nunca los tratarían como iguales.

En los últimos meses de 2010 se produjo un retorno de millares de sursudaneses desde sus residencias en el norte hasta sus localidades de origen en el sur. Las escuelas católicas perdieron miles de estudiantes y decenas de profesores sursudaneses. Muchas familias malvendieron sus casas en el norte y sacaron a miles de chicos de la escuela en medio del año académico. Corría la idea de que la independencia del sur abriría un nuevo futuro para ellos.

Un sinfín de sursudaneses se concentraron en plazas y descampados de las tres grandes ciudades del estado de Jartum para esperar la llegada de los autobuses que los llevarían hacia el paraíso soñado en el sur. Pero los meses pasaban y el ansiado transporte no llegaba. Se dijo que parte de los fondos destinados a ello había acabado en las manos equivocadas.

Entre el 9 y el 15 de enero de 2011 los sursudaneses votaron en masa por la separación. El nacimiento de Sudán del Sur supuso la pérdida para Sudán del 75 % de sus yacimientos de petróleo, con el consiguiente impacto económicos.

En esa época, algunos grupos paramilitares sursudaneses todavía tenían sus campos de entrenamiento en las afueras de Omdurman. Uno de esos grupos, relacionado con la tribu nuer, secuestró al actual obispo de Kotido (Uganda), P. Dominic Eibu, entonces un misionero comboniano encargado de la sección de Primaria del CCK entre 2005 y 2016. La milicia secuestraba a jóvenes de su etnia en Jartum, a los que obligaba a enrolarse en sus filas a menos que pudieran pagar una fianza por su liberación.

El 16 de diciembre de 2011, el P. Eibu salió del CCK hacia la comunidad comboniana de Omdurman en un coche conducido por un empleado, Francis Bol, y acompañado por Margareth Bol, directora de los cursos de religión de la escuela vespertina del CCK, donde se formaban sursudaneses con un nivel educativo muy bajo o que habían perdido algunos años de escolarización.

Bol era dinka y conducía un Toyota que pertenecía al Gobierno de Sudán del Sur, que estaba preparando la apertura de su embajada en Jartum. Las milicias nueres habían robado 20 de estos coches del Gobierno sursudanés, y ese precisamente era el objetivo cuando bloquearon el paso del vehículo que conducía al P. Dominic a Omdurman.

Los tres ocupantes del coche fueron golpeados y encadenados durante su cautiverio y tuvieron que dormir en el suelo hasta el día de su liberación. La milicia tenían más prisioneros. Entre ellos estaba también un líder nuer en Jartum que se había negado a entregar a algunos jóvenes a la milicia.

Este tipo de secuestros mostraban la impunidad con la que esta milicia nuer operaba en la capital sudanesa y de la tensión entre dinkas y nueres, estos últimos apoyados por el Gobierno del norte.

A través de la embajada de su país en Jartum, el secuestro del P. Dominic llegó a oídos del presidente ugandés, Yoweri Museveni, quien presionó al Ministerio de Asuntos Exteriores sudanés para la rápida liberación del ciudadano de su país.

El 18 de enero de 2012 fueron secuestrados otros dos sacerdotes por otro grupo de hombres armados, esta vez shilluks, otra de las etnias sursudanesas en tensión con los dinkas y también apoyadas por el Gobierno de Jartum. Los milicianos allanaron su parroquia en Rabak, la capital de la región oriental del Nilo Blanco, y se los llevaron como hacían con frecuencia con jóvenes que también eran reclutados por la fuerza.

Las escuelas católicas, bajo presión

Más allá de la pérdida económica que había supuesto la separación, la élite sudanesa en el poder sintió la decisión del sur como una humillación por la que había que buscar chivos expiatorios. En lugar de cuestionarse por qué no consiguieron hacer atractiva la unión para los sursudaneses, el Gobierno y los grupos islamistas del norte consideraron a la Iglesia católica responsable –o al menos corresponsable– de la separación.

Para justificar su decisión de reducir el personal misionero en el país, el Gobierno de Jartum se amparó en el hecho de que muchos sursudaneses habían vuelto a su tierra. En lugar de ejecutar expulsiones como en el pasado, lo que habría llamado la atención de la comunidad internacional, el Ejecutivo de Al Bashir se negó a renovar los permisos de residencia de muchos de ellos.

En aquel contexto, a principios de 2012, el vicario general de la Archidiócesis de Jartum, el P. Matthew Remijio, reunió al personal misionero que se había quedado sin permiso de residencia y presentó el problema:

—Estamos intentando conseguir la renovación de todos vuestros permisos, pero podría ser que solo nos concedieran un número limitado. Por tanto, necesito saber si hay alguno que no quiere quedarse.

—Padre, no es la primera vez que la Iglesia en Sudán pasa por momentos difíciles. Durante la *mahdia,* uno de nuestros antepasados, el P. Joseph Orhwalder, vivió una experiencia terrible que incluyó numerosas penurias, arresto domiciliario y torturas. A pesar de todo ello, fue el primero en volver cuando se pudo porque la Misión es como un matrimonio. Tenemos un compromiso matrimonial con este pueblo y el marido no deja a la mujer en la enfermedad. Lucha por todos sin excepción —le propuse.

Algunos estuvimos más de 300 días como ilegales dentro del país, algo por lo que nos abrieron una ficha policial. Después recibimos un nuevo permiso de residencia, aunque de solo seis meses de vigencia en lugar de un año, que era lo habitual hasta entonces.

La prensa filoislamista publicaba en aquella época artículos bastante agresivos contra las Iglesias, los cristianos y las escuelas católicas.

En la nueva República de Sudán del Sur, las esperanzas y los sueños de sus ciudadanos saltaron en pedazos poco tiempo después de la independencia con el estallido de una guerra civil entre las fuerzas del Gobierno, vinculadas con la comunidad dinka, y las fuerzas de la oposición. En diciembre de 2013, el presidente Salva Kiir acusó a su vicepresidente, Riek Machar, de origen nuer, y a otras 10 personas de intentar un golpe de Estado. Machar negó haberlo intentado y huyó para liderar una nueva facción del SPLM, el SPLM-IO (SPLM *in opposition*). Y así comenzó la guerra entre ambos bandos.

El nuevo conflicto bélico generó un nuevo éxodo de sursudaneses, sobre todo nueres y shilluks, hacia el norte, adonde ahora no llegaban como desplazados internos sino como emigrantes extranjeros o refugiados. Tanto la escuela secundaria del CCK como el CCST volvieron a experimentar un aumento en el número de estudiantes sursudaneses.

Las jóvenes que venían del sur o de campos de refugiados del norte de Uganda habían estudiado Primaria en inglés y llegaban a un país de lengua árabe. Por otro lado, la irregularidad de sus itinerarios educativos, interrumpidos por el conflicto y por la necesidad de huir, las hacía inadecuadas para su matriculación en la Sisters' School Khartoum.

El P. Norberto Stonfer, comboniano italiano responsable de la sección de Secundaria entre 2009 y 2019, tuvo la valentía de romper una tradición según la cual los combonianos se encargaban de la educación de los chicos y las combonianas de las chicas, y presentó a la Dirección de Educación del municipio un proyecto de Secundaria en inglés para chicas. El centro debía ser independiente del masculino. Después de acometer algunos trabajos que permitían más intimidad a las alumnas y satisfacían las peticiones municipales, la Dirección de Educación concedió la licencia en 2014.

En 2017 se abrió otro campo de batalla: la cuestión del sábado. Las escuelas católicas solían trabajar de lunes a jueves y los sábados para dejar los viernes y los domingos libres para las familias cristianas y musulmanas. Las demás escuelas del país lo hacían de domingo a jueves para descansar viernes y sábado.

Esta tradición se vio amenazada en julio de 2017 cuando el Ministerio de Educación ilegalizó la posibilidad de abrir los sábados y obligó a las escuelas católicas a trabajar el domingo. Estas no cedieron a la presión. Ajustaron el horario de manera que aumentaron la carga lectiva de lunes a jueves para respetar la ley y no se doblegaron ante la presión que les quería obligar a trabajar los domingos. La cuestión no se resolvió hasta 2019 con la entrada del Gobierno de transición tras la deposición de Omar Hassan al Bashir.

En enero de ese año, los obispos de las diferentes Iglesias se habían quejado de que el Ministerio de Educación sudanés no designaba maestros para la educación cristiana en las escuelas públicas y de que las festividades cristianas no estaban incluidas en el calendario escolar. De hecho, era habitual que el Domingo de Pascua coincidiera con uno de los exámenes de selectividad.

El 24 de abril de 2019, el Consejo Militar de Transición de Sudán emitió un decreto que establecía el domingo como día oficial de descanso de fin de semana para las escuelas cristianas en todo Sudán.

¿Calidad? ¿Cantidad? ¿Identidad?

Las escuelas católicas de Sudán se han enfrentado con frecuencia a la tensión entre la excelencia académica, que se suele identificar con el concepto de calidad, y el servicio a las personas marginadas, particularmente a desplazados y refugiados. Algunas de estas escuelas han sido y siguen siendo famosas por su alto nivel y educan a parte de la élite sudanesa, a la vez que son conocidas por su esfuerzo para rescatar del polvo del desierto a los descartados de la sociedad.

Los centros educativos católicos ubicados a las afueras de grandes ciudades como Omdurman, Jartum, Bahri, Port Sudan o Kosti se han enfocado en la educación de niños refugiados y desplazados con buenos resultados académicos. No han caído en la trampa que afirma que fomentar el éxito académico conduce a descuidar la centralidad de Cristo, que en primer lugar sirvió a los empobrecidos.

También es importante reseñar que estas escuelas no limitaron su misión al servicio de la comunidad cristiana ya existente ni fueron un medio de proselitismo, sino que han estado y están al servicio de la sociedad.

Pero las escuelas católicas no deben ser solo un lugar de instrucción. Estos espacios se conciben también como lugares que conducen a un «encuentro con el Cristo vivo». El ambiente del CCK y del CCST, con la presencia más o menos numerosa de misioneros combonianos y la importancia dada a la dimensión espiritual, no ha impedido el surgimiento de vocaciones entre los estudiantes que han querido seguir el ejemplo de san Daniel Comboni. Macram Max Gassis (1938-2023) estudió en el CCK entre 1946 y 1954. Primer sudanés árabe ordenado sacerdote, fue consagrado obispo de El Obeid el 12 de marzo de 1988.

A lo largo de su vida se caracterizó por la defensa de los derechos de los nubas y la lucha por la paz. Este trabajo en el ámbito de la justicia y la paz le obligó a dejar el país e interceder por el bien de su gente desde Nairobi, la capital keniana.

El obispo auxiliar de Kosti, Mons. Daniel Adwok; el arzobispo de Jartum, Mons. Michael Didi Mangoria, y diversos sacerdotes diocesanos –William Deng, Daniel Deng, Marko Oliha, Bill Nilo, Peter Ayoug, Musa Timothy, Guido Gangi, Philip Latiu, Bolus Kabba y Luciano Okuc– también estudiaron en el CCK. Más cerca en el tiempo, una misionera comboniana, la Hna. Nazira Butros, se graduó en el CCST.

Capítulo 6

EL DESARROLLO UNIVERSITARIO

En 2013, el P. Beppino Puttinato, presidente del Consejo de Administración del CCST, ya me tenía cerca de él en la gestión del centro. Desde diciembre de 2012 trabajaba allí como director administrativo.

Justo antes de que los sursudaneses volvieran de nuevo a Sudán, el P. Beppino vio que la sección universitaria crecía mientras que la de Secundaria menguaba, por lo que algunas aulas de esta, según su lógica, debían pasar a aquella. 171 estudiantes de Secundaria ocupaban 20 clases, mientras que los 485 universitarios disponían solo de siete. Su propuesta fue que se construyera un edificio para la Secundaria en el Comboni Playground y que el antiguo edificio de la Secundaria pasara a ser sede de la universidad.

Este discernimiento se vio alterado por un nuevo desafío. En marzo de 2013, Robert Yacoub, director del Comboni Playground, fue llamado por los servicios de inteligencia sudaneses a sus oficinas de la calle 57, en el barrio de Imarat, donde se le conminó a cerrar las instalaciones deportivas. La única razón que justificó la orden era la presencia de sursudaneses. Yacoub era un sudanés originario de los montes Nuba y sabía que desobedecer las indicaciones de los servicios de inteligencia, que en la práctica actuaban más allá de los límites de la ley, podía tener consecuencias muy negativas. El director del Comboni Playground, que se había educado en CCK, estaba totalmente identificado con el carisma comboniano y su obra educativa. Era una persona de máxima confianza para la institución.

Alumnado en los centros combonianos por etapa formativa y confesión religiosa (2001-2013)

Año	2001		2005		2010		2013	
	N.º	%	N.º	%	N.º	%	N.º	%
Primaria								
Cristianos	240	30	230	38	351	45	164	21
Musulmanes	560	70	379	62	415	55	622	79
Total	800		609		766		786	100
Secundaria								
Cristianos	208	52	178	56	182	72	80	47
Musulmanes	192	48	142	44	71	28	91	53
Total	400		320		253		171	100
Universidad								
Cristianos	20	74	135	84	348	80	291	60
Musulmanes	7	26	25	16	87	20	194	40
Total	27		160		435		485	100

El P. Norberto Stonfer, responsable comboniano de la rama de Secundaria y del Comboni Playground, intentó encontrarse con miembros de los servicios de inteligencia para entender por qué se había decretado la clausura del centro deportivo y qué había que hacer para su reapertura. Se encontró con el silencio como respuesta. Apeló incluso, aunque sin ningún resultado, a la Nunciatura y a la embajada italiana.

En enero de 2014, como el Comboni Playground estaba cerrado, un voluntario que trabajaba con nosotros en los cursos de italiano, Mattia Edallo, me preguntó dónde se podía jugar el torneo de fútbol que quería organizar con otros centros lingüísticos. La iniciativa me pareció una ocasión de oro para intentar reabrir los campos deportivos.

El 23 de ese mes preparé una carta al director de los servicios de inteligencia del estado de Jartum en la que le informaba de que el CCST tenía cursos de español e italiano en colaboración con embajadas de los dos países. Los estudiantes habían pedido jugar en nuestras instalaciones un partido de fútbol el día 29 de enero a las 8 de la tarde. Les informábamos de que el encuentro tendría lugar a la hora anunciada salvo que nos trasladaran por escrito que había algún impedimento.

El decano del CCST, Abdelrahman Abdallah Al-Khangi, y yo mismo firmamos la carta, que fue entregada en la Dirección de los Servicios de Inteligencia del estado de Jartum por nuestro delegado allí, Mohamed Abbas, al que se entregó un acuse de recibo. Como no recibimos ninguna respuesta, el partido se jugó.

Repetimos la operación el 12 de febrero. Tras haber jugado este segundo partido, el director de los servicios de inteligencia del estado de Jartum, de nombre Gurashi, llamó a Robert Yacoub para que se presentara en su oficina. Tenía miedo, por lo que le dije que no iría solo. El P. Norberto; nuestro abogado, Mansour Mahny, y yo mismo estábamos dispuestos a acompañarlo. Me resultaba curioso que el director en persona se preocupara por un simple partido de fútbol. ¿Qué había detrás de la clausura del Playground?

Gurashi no esperaba que Robert llegara acompañado. Si hubiéramos pedido una cita no nos habría recibido. Tomé la iniciativa para preguntarle las razones por las que había ordenado la clausura de los campos deportivos. Alegó que las celebraciones con motivo de la fiesta de san Daniel Comboni, que tenían lugar cada 10 de octubre, eran una amenaza para la seguridad de Jartum ya que congregaban a más de 8000 personas, la mayoría sursudanesas, en el centro de la ciudad. Alegó, además, que algunos participantes iban armados con cuchillos. Luego nos dijo que había recibido la orden de cierre desde «más arriba».

Era cierto que los festejos solían acarrear algunos desórdenes en la zona. Aparte de las miles de personas que participaban en la multitudinaria misa que tenía lugar en el campo de fútbol, la celebración atraía a los *niggers*, término con el que en Sudán se designa a los adolescentes inadaptados o conflictivos que provocan peleas y pequeños conflictos. Tampoco me sorprendía que se intentara despoblar de presencia sursudanesa una zona de la capital sudanesa tradicionalmente frecuentada por ellos. Por otro lado, me intrigaba que la orden de clausurar un complejo deportivo le hubiera llegado al director general de los servicios de inteligencia del estado de Jartum desde instancias superiores.

Aunque entendía que esa no era la verdadera razón de la clausura, le propuse un trato:

—Nosotros nos comprometemos a hablar con el cardenal Zubeir Wako para que la fiesta de Comboni no se celebre en el Playground y, además, constituiremos un comité para asegurar que se respeta el orden y la disciplina dentro del complejo. Podríamos empezar abriéndolo solo a nuestros estudiantes.

—Consultaré con mis superiores y os diré —contestó Gurashi.

Mientras salíamos, el director del servicio de inteligencia se dirigió a nuestro abogado y le dijo refiriéndose a mí:

—La próxima vez no vengáis con el *jawaya*[1].

A los pocos días, Robert Yacoub recibió el permiso para reabrir el Playground con ciertas condiciones. Desde el centro debíamos encalar el muro externo y mejorar la iluminación de las calles circundantes. Creo que con esta medida pretendían que diera la impresión de que habíamos cerrado el Playground para renovarlo. Además, teníamos que nombrar a una persona responsable de las actividades que debería ser el punto de referencia para cualquier diálogo con los servicios de inteligencia. Esta persona debía ser sudanesa y no un sacerdote extranjero. En tercer lugar, era obligatorio instalar un tablero con el mensaje «Prohibidas las aglomeraciones». Esta petición tenía que ver con la acusación de que miembros de la oposición se reunían alrededor del Playground. Tan cierta era la afirmación de que sursudaneses susceptibles de pertenecer al SPLM se sentaban a la sombra de los árboles que rodeaban el Playground, como falsa la insinuación de que el complejo se abría para actividades de aquel partido político o de los

---

[1] *Jawaya* es una palabra de origen persa que se usa en Sudán para designar a los extranjeros blancos.

opositores del SPLM-IO. Por último, limitaron la comunicación sobre lo que sucedía en el Playground al responsable de zona de los servicios de inteligencia, pues no les gustaban las iniciativas que involucraban a las embajadas.

A los pocos días, Robert Boulos, director de la vecina Unity High School, me llamó para ver si sus estudiantes podían jugar al fútbol en nuestras instalaciones y usar nuestra piscina. «Algunos de los padres de tus estudiantes son miembros del más alto nivel del Partido del Congreso Nacional[2]. Si, como dice el director de los servicios de inteligencia, recibe órdenes de lo alto, plantea el problema a la asociación de padres y ellos lo resolverán», le respondí.

La Unity High School seguía el currículo de Cambridge y educaba a los hijos de algunas de las familias más pudientes e influyentes del país. Su responsable tocó algunas teclas y a los pocos días fue informado de que podíamos abrir las puertas a sus estudiantes.

Poco después, alguien nos trasladó de que una persona muy cercana al presidente del país estaba detrás del Playground, un terreno de casi 10000 metros cuadrados y gran valor en pleno centro Jartum. Esto explicaba el hecho de que entre 2013 y 2014 nos hubieran llegado dos acusaciones de uso comercial del terreno, aunque este permaneciera cerrado, y dos declaraciones por un supuesto estado de abandono. Parecía que alguien buscaba la manera de hacerse con el terreno, por lo que tuvimos que recurrir a un abogado para combatir estas maniobras.

---

[2]   El partido islamista que dirigía el presidente del país, Omar Hassan al Bashir.

El 3 de mayo otro miembro de los servicios secretos llamó a Robert Yacoub y le pidió que cerráramos el Playground. Cuatro días después nuestro abogado fue a la oficina de los servicios de inteligencia, donde se reunió con el subdirector, quien le afirmó que no sabía nada en torno a la nueva orden de cierre de los campos de deporte. Gurashi, con quien nos habíamos encontrado en ocasiones anteriores, estaba de peregrinación en La Meca.

El 15 de mayo nuestro abogado, Mansur, y la mano derecha del P. Norberto, Toni Fuad, ambos con antepasados egipcios y sirios y, por tanto, de «piel blanca», se vieron con el director de los servicios de inteligencia, Gurashi, al que pidieron un documento que declarase la apertura del terreno.

El jefe de la inteligencia se sorprendió de que el Playground estuviese representado por dos «blancos sudaneses» y se sintió con confianza para hacer comentarios racistas contra sursudaneses y nubas.

–Con los que tienen la piel como la leche se puede colaborar, llegar a un acuerdo y garantizar la seguridad del lugar. No hay problema para que continúen las actividades siempre que se impida el paso a los negros –dijo Gurashi.

–La Iglesia católica no puede impedir el ingreso de personas negras –respondió Mansur.

En ese clima, el responsable de la inteligencia pidió un documento que certificara que Mansur y Fuad eran parte del comité que administraba el Playground.

Todos estos movimientos nos daban a entender que era necesario construir en los dos terrenos en los que estaba dividido el Playground para no perderlos. El Consejo de Fundadores del College, tras haberlo consultado previamente con el cardenal Zubeir Wako y el Consejo Provincial de los Misioneros Combonianos, decidió el 1 de abril de 2014 levantar un edificio en cada uno de los dos terrenos. Se empezaría por el del norte, donde se proyectó la Facultad de Informática y Tecnología de la Información, ante el crecimiento en el número de estudiantes de estos dos grados.

Para solucionar este problema, se habilitaron cuatro clases y dos despachos en el segundo piso del postulantado de los misioneros combonianos en Bahri Al-Amlak. La planta baja era usada por la administración de la formación continua. Allí se daban cursos de inglés y español.

No fue fácil conseguir el permiso de construcción. El arquitecto encargado de las obras, Nour Al-Din Regeig, se encontró con la misma información que ya manejábamos: una persona muy cercana a Al Bashir, cuyo nombre coincidía con el que ya sabíamos, estaba detrás de los terrenos. Había que agilizar los procesos, por lo que las obras de demolición de las estructuras antiguas empezaron el 5 de diciembre de 2015.

Después de construir los cimientos del nuevo edificio tuvimos que interrumpir los trabajos hasta que conseguimos la financiación completa del proyecto. Las conferencias episcopales de Italia y España, Ayuda a la Iglesia Necesitada, Manos Unidas y un bienhechor local, Anthony Haggar, contribuyeron con diversas cantidades. Las obras se retomaron en abril de 2016 y el edificio fue inaugurado el 6 de agosto de 2018 por el arzobispo de Jartum, Michael Didi Mangoria, que había sucedido al cardenal Gabriel Zubeir Wako dos años antes.

Una vez que el nuevo edificio estuvo operativo, las aulas de Bahri Al-Amlak se destinaron a los cursos de formación continua y se inició un proyecto para transformar el piso bajo en una zona residencial para voluntarios o profesores extranjeros.

Se liberó también el último piso del internado del CCK, que se había ocupado después de que el Grado de Ciencias Educativas y Religiosas Cristianas se hubiera ubicado en su sede definitiva, en la Casa Comboni-Sergi.

La interculturalidad como desafío

Una delegación del Ministerio de Universidades e Investigación Científica que había visitado las instalaciones en 2006, después de la inauguración del primer edificio de la sección universitaria, constató que no había una sala específica para la oración de los estudiantes musulmanes como prescribe la ley.

El P. Beppino respondió a la petición y dedicó un espacio a tal fin. Aquella decisión se topó con las quejas de algunos cristianos y de la propia autoridad eclesial. Les parecía inaceptable dedicar un lugar para la oración de los musulmanes en una institución católica. El P. Beppino encontró una solución diplomática al conflicto cuando señaló que la sala era el despacho del profesor de Religión Islámica.

La cuestión se volvió a repetir en 2014. La misionera comboniana Daniela Spinelli impartía Religión

Cristiana en los diferentes programas universitarios a los estudiantes cristianos. En una de las clases, un grupo le preguntó: «¿Por qué los musulmanes tienen una sala de oración en nuestro *college*?». La hermana me llamó para tratar la cuestión con los estudiantes. Entré en el aula y uno de ellos, sursudanés, arrancó la argumentación:

—En las otras universidades, los estudiantes cristianos no tenemos un lugar para rezar. ¿Por qué ellos lo deben tener en nuestra universidad?

—Lo que hacen esas universidades ¿es correcto o erróneo? —le pregunté.

—Equivocado, ciertamente.

—Entonces, ¿por qué quieres que repitamos el mismo error? Esa mentalidad es peligrosa. Imaginemos que hoy los dinkas toman el poder y se apropian de los espacios o recursos que pueden. Como consecuencia de ello, los nueres se sienten agraviados y reaccionan con violencia. Imaginemos que consiguieran la victoria contra los dinkas y dijeran: «Ahora es nuestro turno». ¿Qué tipo de sociedad se podría construir de esta manera? Lo que aquí intentamos construir es un modelo de sociedad en el que cada persona, independientemente de su comunidad de origen, cultura o religión encuentra las condiciones para sentirse en casa y desarrollarse como individuo en todas sus dimensiones, incluida la espiritual. ¿No crees que sería más bonito construir una sociedad donde esto suceda?

El estudiante entendió muy bien el ejemplo, que traía a colación la tensión entre dinkas y nueres. Aunque muchos sursudaneses todavía conservaban las heridas de la que ellos percibían como una continua opresión por parte del norte de mayoría islámica y cultura árabe, en su país acababa de estallar una guerra y los principales contendientes eran ejércitos ligados a las dos comunidades.

Para profundizar en la gestión de la diversidad, apoyamos la celebración de una semana cultural, una iniciativa propuesta por un grupo de estudiantes en 2015. Uno de ellos, Ahmed Ali Mekki, graduado en 2018, reconoció posteriormente este evento como el mejor recuerdo de su tiempo en el CCST:

> *Recuerdo que cuando propuse la idea nadie creyó en ella, excepto mi compañero de clase Ahmed Malik y el P. Jorge, quien dio luz verde. Comenzamos y los estudiantes fueron uniéndose al proyecto. Al final, la alegría y las sonrisas llenaban todos los rostros, desde los de los estudiantes hasta los de los profesores y el personal. Vimos que juntos podíamos lograr grandes cosas.*
>
> *El CCST tiene una excelente manera de contribuir a la construcción de la paz entre diferentes comunidades y nacionalidades. Pude ver cómo estudiantes y personal de comunidades que tienen o tuvieron guerras entre ellos se sientan en paz en las mismas mesas para compartir comida y risas. Sudán y nuestro continente necesitan esto.*

A través de las diferentes actividades se trataba de ayudar a los estudiantes a reflexionar sobre su propia identidad cultural y a descubrir la diversidad como un tesoro. La cuestión identitaria no era evidente para los estudiantes de origen sursudanés, eritreo o etíope que habían nacido en Sudán y nunca habían visto la tierra desde la que emigraron sus padres o abuelos.

Yo les solía decir que cuando Dios creó al ser humano no usó la fotocopiadora para replicar el modelo que le había salido mejor, sino que nos creó diferentes. Y si Dios, que es sabio, quiso la diversidad, esta tenía que ser algo positivo.

Estos valores transformaron la vida de algunos de nuestros estudiantes. Thomas Batista Balash, sursudanés de Wau, se graduó en noviembre de 2020. Hoy trabaja en su tierra como oficial de paz y gobernanza con la tarea de gestionar el Programa de Transformación de la Juventud. Es también un joven embajador de paz en su país.

Con el pasar de los años, los estudiantes y la creación de nuevas estructuras, la famosa cuestión del espacio volvió a surgir. En 2018 estábamos acabando el nuevo complejo para los grados de Informática y Tecnología de la Información en el Playground. Algún católico bienintencionado informó al arzobispo de que se estaba construyendo una mezquita en el nuevo edificio. Se trataba simplemente de una sala de oración para los estudiantes y el personal musulmanes.

Antes de que el arzobispo me llamara, fui a verle para explicarle de qué se trataba. Aparte de la cuestión legal relacionada con las condiciones del Ministerio de Universidades, mostré mi convencimiento de la necesidad de tener ese espacio, y lo hice citando el evangelio de Mateo[3] en el que Jesús invita a sus seguidores a hacer a los demás lo que nosotros desearíamos de ellos.

En la misma línea cité la Constitución apostólica sobre universidades católicas *Ex Corde Ecclesiae*,

---

[3] Mt 7, 12.

firmada por el papa Juan Pablo II en 1990: «Aquellas comunidades académicas que tienen en su seno una importante presencia de personas pertenecientes a diferentes Iglesias, comunidades eclesiales o religiones, respetarán sus respectivas iniciativas de reflexión y oración en la salvaguardia de su credo».

Nadia Abdalla Idris, estudiante musulmana de origen polaco de la Comboni School Port Sudan explicaba cómo veía la gestión de la diversidad en nuestras escuelas:

Las escuelas combonianas han combatido, y espero que sigan combatiendo siempre, al gran enemigo que es la ignorancia, porque es la ignorancia ciega la que está detrás del dolor que nos causamos unos a otros. Cuanto más aprendemos, más conscientes nos volvemos de la variedad de posibilidades y opciones que pueden abrirse ante nosotros. Las escuelas combonianas, al aumentar el número de hombres y mujeres instruidos, contribuyen definitivamente a crear un clima de comprensión y tolerancia recíprocos. En nuestras respectivas comunidades y culturas diferentes, debemos esforzarnos por encontrar fuerza y enriquecimiento, no la razón de la guerra y la destrucción. Las escuelas combonianas contribuyen a la paz en Sudán enseñando a los jóvenes que está bien ser diferente, está bien ser uno mismo y ser una persona educada.

Otro aspecto importante en la gestión de la diversidad tanto en las escuelas combonianas de Sudán como en la sección universitaria ha sido la integración de las festividades religiosas católicas, ortodoxas y musulmanas en el calendario académico.

Igual que celebramos la Pascua según los calendarios occidental y oriental, las vacaciones de Navidad incluyen la celebración occidental del 25 de diciembre y la oriental del 7 de enero. Durante todo ese período, la universidad permanece decorada con un árbol de Navidad, un sencillo belén y diversas guirnaldas y adornos. A los estudiantes, cristianos y musulmanes, les encanta fotografiarse con ello a sus espaldas.

Hasta finales de los 70, un árbol de Navidad decoraba una plaza cercana al palacio presidencial en Jartum. La aplicación de la ley islámica a partir de 1983 quitó visibilidad a la presencia cristiana en los espacios públicos, pero no en las escuelas combonianas o en el CCST.

También festejamos las principales celebraciones islámicas. La fiesta del sacrificio, *Eid Al-Adha*, tiene lugar en el duodécimo día del mes *dhul-hijja* del calendario lunar. Los musulmanes suelen sacrificar un cordero para recordar el sacrificio de Abraham. Cada familia debe compartir un tercio de la carne sacrificada con los pobres y otro tercio con los amigos y vecinos.

La segunda gran fiesta tiene lugar al final del mes de Ramadán, *Eid Al-Fitr*. Los musulmanes se abstienen de comida y líquidos desde la salida hasta la puesta del sol. Los más estrictos no tragan ni su saliva. En este mes están invitados a intensificar su oración, a abstenerse de las críticas a otras personas y a practicar obras de caridad. Es muy típico que nos inviten a romper el ayuno con ellos. Consideran un honor que cenemos en sus hogares en un momento tan especial.

En el CCST solemos organizar una cena de Ramadán. Estudiantes cristianos y musulmanes la preparan y luego comemos juntos sentados sobre esteras.

Otra fiesta que celebran la mayoría de los musulmanes en Sudán es el nacimiento del profeta, *Mowlid al-nabi*[4]. Con tal motivo se suelen montar casetas donde los padres llevan a sus hijos y pueden disfrutar de atracciones, muñecos o dulces.

Los habitantes del limbo

La guerra civil en Sudán del Sur comenzó en diciembre de 2013 y enfrentó a la facción en el poder, dominada por los dinkas, el SPLM, con su oponente, el SPLM-IO, de mayoría nuer. Los enfrentamientos fueron particularmente duros en la ciudad de Malakal, de mayoría shilluk, que fue tomada por ambos bandos en diversas ocasiones, y en la zona de Bentiu.

Después de que el SPLM-IO arrebatara Bentiu a las fuerzas gubernamentales, los soldados dinkas pasaron dos días persiguiendo a quienes creían que se oponían a ellos. Los asesinos entraron en la mezquita, la iglesia y el hospital, lugares donde los habitantes de la ciudad habían buscado refugio. Allí los separaban según su etnia y su religión. Una semana después del ataque, los cuerpos aún cubrían las calles.

---

[4] Los musulmanes salafistas, minoritarios en el país, consideran que esta fiesta es una herejía ya que el Profeta no prescribió su celebración. Los salafistas siguen las indicaciones literales de Mahoma y lo imitan hasta en la forma de vestir, por lo que llevan la chilaba por encima de los tobillos o se dejan la barba como ellos pensaban que la llevaba el Profeta. La mayoría de los musulmanes sudaneses pertenecen a alguna confraternidad sufí.

Los dos bandos cometieron atrocidades que causaron el desplazamiento de más de cuatro millones de personas. Muchas de ellas, particularmente nueres y shilluks, buscaron refugio en Sudán. Esta ola de refugiados causó un gran aumento en el número de estudiantes del primer año, sobre todo en los grados de Tecnología de la Información aplicada a la Contabilidad –46 de los 80 nuevos estudiantes– y a la Administración –91 de sus 138 nuevos alumnos–.

Gabriel Gak fue uno de los estudiantes nuer que huyó de Bentiu y empezó a formarse en el CCST en diciembre de 2014. Gabriel tuvo que recorrer decenas de kilómetros a pie y pasar muchas penalidades hasta llegar a Jartum.

Entre los nuevos alumnos sursudaneses, algunos habían superado el examen de selectividad en 2013 en su país. Según el acuerdo entre Sudán y Sudán del Sur, el primero sería el responsable de la preparación de los exámenes de selectividad en el sur desde la independencia, en 2011, hasta 2013 con el objetivo de facilitar la transición al nuevo sistema educativo. Ese año, el Gobierno de Jartum ya había pagado a los profesores que prepararon las pruebas e impreso las copias necesarias para su distribución en los centros de examen sursudaneses. Pero el Ministerio de Educación de Yuba tomó la decisión unilateral de asumir toda la responsabilidad de la organización de esos exámenes.

En algunos lugares se repartió el mismo examen en las pruebas que se realizaron por la mañana y por la tarde. El Gobierno de Sudán, dolido por la unilateralidad de la decisión y molesto por la pérdida económica que había supuesto la organización de la selectividad, decidió no reconocer los que había organizado el Ministerio de Educación de Sudán del Sur de una manera poco ortodoxa.

Intentamos dialogar con los ministerios de Educación y Universidades de Sudán. No hubo manera. En mi caso, también contacté con el Ministerio de Educación de Sudán del Sur, que envió a un delegado para discutir el problema con su homólogo sudanés. Como en el vecino del sur no se aplica la ley islámica, se puede beber alcohol sin límites. Esto provocó que el delegado de Yuba llegara demasiado alegre al encuentro, aunque no tuvo muchas opciones de defender su postura. Nada más traspasar la puerta del avión fue enviado de regreso a su país.

La Universidad de Yuba, que había formado a cientos de sursudaneses mientras mantuvo sus instalaciones en Jartum, había sido transferida en 2011 a su sede original en la capital del nuevo país, lo que motivó que el CCST fuera la universidad sudanesa con un mayor porcentaje de estudiantes sursudaneses.

El 21 de enero de 2015, el Ministerio de Universidades e Investigación Científica nos informó de que se había adoptado una decisión definitiva respecto a los estudiantes sureños que habían accedido a la universidad mediante la selectividad de 2013. Teníamos que mandarlos a casa.

Tuve que organizar una reunión con los 39 estudiantes que se veían afectados para explicarles la situación. Gabriel Gak, uno de ellos, tomó la palabra:

—Padre, le agradecemos mucho todos sus esfuerzos. Sabemos que ha hecho todo lo que ha podido. Yo me matricularé en el examen de selectividad sudanés, lo aprobaré y volveré para estudiar aquí.

Me conmovió su determinación. Y cumplió lo que dijo. En abril de 2015 se presentó a la selectividad en Jartum y en diciembre le teníamos recomenzando su primer curso universitario.

A partir de ese año, el Ministerio de Universidades limitó la presencia de estudiantes extranjeros a cierto porcentaje. Como lo superábamos con frecuencia, no podíamos admitir a todos los refugiados sursudaneses, eritreos o etíopes que solicitaban matricularse en nuestros centros. Los estudiantes nos buscaban porque en las otras universidades las tasas académicas para los extranjeros podían ser diez veces más altas que para los sudaneses. Por otro lado, en Sudán cerca del 97 % de la población profesa el islam, mientras que la mayor parte de los refugiados procedían de países de mayoría cristiana, por lo que encontraban en el CCST un ambiente más familiar y acogedor.

Intenté en numerosas ocasiones, tanto con el Ministerio como con ACNUR[5], que al menos los estudiantes con el estatuto de refugiado tuvieran la misma consideración que los sudaneses, pero no lo conseguí. Supongo que el Gobierno sudanés tenía miedo de promover la llegada de refugiados por motivos académicos.

Un caso particular lo constituían los miles de sursudaneses que habían nacido en el norte, que nunca habían estado en el sur, pero que por tener antepasados sursudaneses no tenían derecho a la nacionalidad

---

[5] Alto Comisionado de las Naciones Unidas para los Refugiados.

sudanesa. Ni podían acceder al estatuto de refugiado ni se los expulsaba por estar en situación irregular. Se encontraban en un limbo jurídico que dificultaba su integración en la sociedad como sujetos de derechos y deberes.

Si a estos elementos añadimos enfermedades como la poliomielitis, los desafíos parecían infranqueables. Ruben Kundit Diing se ponía las sandalias en las manos y se desplazaba con sus brazos para venir a clase desde Haj Yousif, una de las zonas periféricas de la ciudad de Bahri. Después de arrastrarse por el polvo o el barro de aquella zona de calles sin asfaltar, se encaramaba al primer autobús que lo llevaba hasta una estación, donde tomaba otro autobús que lo dejaba a unos 800 metros del CCST.

A las seis y media de la mañana estaba listo para participar en la eucaristía, donde solía leer la primera lectura. A las siete entraba sonriente en el aula. Ruben completó el Grado de Informática y se puso a enseñar en una escuela de su barrio. Era también un miembro muy activo en su parroquia.

En 2022 completamos un proyecto de incubación de empresas que intentaban desarrollar 20 mujeres, algunas de ellas con discapacidad. La iniciativa estaba financiada por la Agencia Italiana de Cooperación al Desarrollo, AICS, y nos enseñó a incluir personas con habilidades diversas en el ámbito empresarial. A raíz de ese proyecto surgió la posibilidad de presentar algunos candidatos con discapacidad para estudiar en el máster de Administración de Empresas que la fundación E4Impact, ligada a la Universidad Católica del Sagrado Corazón, de Milán, organizaba con otra universidad sudanesa. Ruben fue seleccionado para desarrollar su proyecto, un centro de enseñanza de lengua inglesa e informática en su barrio.

Con los donativos recibidos, fundamentalmente del extranjero, creamos un fondo de solidaridad con el que ayudábamos a unos 140 estudiantes cada año. Ruben era uno de los casos ideales: representaba nuestra visión educativa, que buscaba empoderar a estudiantes provenientes de familias empobrecidas, pero con inteligencia y comprometidos en la regeneración de su comunidad de origen.

Muchos de nuestros estudiantes, contratados hoy en laboratorios equipados con fibra óptica y ordenadores de última generación, diez años antes se sentaban en el suelo o en bancos destartalados dentro de unas escuelas que eran poco más que cobertizos de bambú. Las mismas manos que ahora se desplazan ágilmente por teclados inalámbricos tuvieron que luchar durante años para espantar las moscas de sus rostros en aquellas escuelas de la periferia.

Otro de los muchos casos singulares que conocimos es el de la sursudanesa Asongaga Fotur. Su padre abandonó a la familia y su madre envió a los hijos a Uganda y Jartum a estudiar. Asongaga, que fue a clase en la escuela parroquial de Haj Yousif, fue acogida en tres residencias diferentes de la Sociedad de San Vicente de Paúl durante su itinerario formativo.

El P. Beppino solía ayudar a los estudiantes del CCST, a través del fondo de solidaridad, con una cierta cantidad de dinero, en torno al 30% de las tasas académicas. En el caso de Asongaga, el P. Beppino rompió su propia regla y cubrió el importe de todos sus estudios. Esta sursudanesa terminó el Grado en Tecnología de la Información aplicada a la Administración en 2016. Tras finalizar sus estudios se integró en el equipo de gestión de los equipos tecnológicos del College, que dirigía un graduado del CCK sudanés de antepasados sirios, George Joseph Noh. George se había labrado un brillante futuro con su propia compañía de gestión de sistemas de tecnología de la información.

Cuando Noh murió de forma trágica en junio de 2020, decidimos dar la responsabilidad de la dirección del Departamento de Tecnología de la Información a Asongaga, a pesar de que todavía no había acumulado una larga experiencia profesional. El CCST tenía entonces cinco laboratorios informáticos con 150 ordenadores, unos 15 proyectores multimedia, otros 30 equipos informáticos distribuidos entre oficinas y clases, además de instalaciones de fibra óptica y circuito cerrado de cámaras de vigilancia en dos edificios.

En lugar de contratar a un experto externo o a un graduado con más experiencia, decidimos apostar por Asongaga por su honestidad, responsabilidad, sentido de pertenencia a la institución y capacidad de aprendizaje.

El tiempo demostró que no nos habíamos equivocado con la elección. Asongaga se convirtió en una excelente directora, hasta el punto de que recibió suculentas ofertas de trabajo de varias empresas. No hubiera sido la primera vez que, después de formar a un antiguo alumno para asumir ciertas responsabilidades en nuestro centro, este vuela hacia instituciones que le ofrecen un salario más alto o un futuro mejor. Al final, nuestro trabajo consistía en eso precisamente, en ayudar a los jóvenes a construirse su propio futuro.

Cuando Asongaga me informó de las ofertas recibidas le pregunté:

—¿Qué vas a hacer?

—Padre, ¡cómo voy a dejar el Comboni! Aquí he recibido todo y aquí soy feliz.

Los misioneros de la misericordia

Mohamed Nagib había sido empleado del CCST desde su fundación en el año 2001. En octubre de 2022 vino a mi despacho a pedirme un préstamo para someterse a una operación quirúrgica.

—¿Pero sabes de qué se trata esta operación? —le pregunté.

—No. El médico solo me ha dicho que tenía que operarme. Aquí tengo los informes —me respondió.

Eché un vistazo y enseguida vi dos palabras malditas: hígado y metástasis.

—Nagib, ¿el médico no te ha explicado nada de lo que tienes?

—No, nada.

—¿Te importa si le enseño estos resultados a una oncóloga? Quiero confirmar lo que parece que he entendido.

—Sí, por favor.

La doctora confirmó mi impresión de que a Mohamed le faltaban pocos meses de vida si no sucedía un milagro.

–Nagib, tienes un cáncer en estado muy avanzado. Debes preparar a tu familia para lo peor.

Al día siguiente me volví a encontrar con él.

–Ya he preparado todo, padre. He tenido una vida larga y feliz. Estoy tranquilo –me respondió con serenidad.

–Si te sientes cansado y prefieres quedarte en casa, no lo dudes.

–No, padre, prefiero venir al College y trabajar mientras tenga fuerzas.

Dos o tres días después de comenzar las sesiones de quimioterapia, Mohamed Nagib no pudo venir al CCST. Los trabajadores y los voluntarios del grupo de cuidados paliativos se turnaron para apoyar a la familia en el cuidado de nuestro querido Mohamed hasta su fallecimiento, el 13 de enero de 2023.

Los cristianos creemos que Jesús nos revela la misericordia del Padre, mientras que los musulmanes comienzan cada oración en el nombre de Dios, «el misericordioso y compasivo». Esta palabra, misericordia, es precisamente el fundamento de los cuidados paliativos e implica que nos duela el dolor de la persona que padece una enfermedad crónica y terminal, supone también que se la acompañe en todas sus dimensiones: la fisiológica, la psicológica, la espiritual y la sociológica.

En el CCST teníamos cursos de formación continua en cuidados paliativos para profesionales de la salud y para un grupo de voluntarios que incluía a estudiantes y personal del College y otros voluntarios externos, tanto musulmanes como cristianos. Estos dos frutos fueron la consecuencia de un largo

camino que empezó con un viaje de la doctora Nahla
Gafer.

Especializada en Oncología, la doctora Gafer trabajó en el Radiation and Isotope Centre Khartoum[6]
(RICK, por sus siglas inglesas) y en el primer centro
oncológico del país, el centro nacional del cáncer lo-
calizado en Wadi Medani, a unos 200 kilómetros al sur
de la capital. En 2009 asistió a un curso de introducción a los cuidados paliativos organizado por Hospice
Africa, en Uganda, uno de los pocos países africanos
donde se estudiaba de forma académica esta disciplina. Esta formación reorientó la vida profesional de la
doctora Gafer. Al volver a Sudán, empezó a organizar
cursos en este campo gracias a la financiación conse-
guida en proyectos elaborados por ella y presentados
a nombre del CCST.

En febrero de 2010 abrió la primera unidad de cuidados paliativos en Sudán y en 2014 se integró en el
grupo nacional que debía definir las políticas nacionales para la gestión del dolor. Ese mismo año, el CCST
organizó un curso en este campo bajo su dirección.
Participaron 100 profesionales procedentes de 22
hospitales públicos.

El 1 de junio de 2014, el Ministerio de Universidades
e Investigación Científica reconoció los cursos de formación continua que impartíamos en esta disciplina.
Eran los primeros cursos de cuidados paliativos con
carácter universitario que aprobaba el Ministerio. Los
primeros años invitamos a especialistas de las universidades de Edimburgo (Escocia) y Makerere (Uganda),

---

[6] Centro de Isótopos y Radiación de Jartum.

gracias a proyectos aprobados por la Asociación Internacional para el Estudio del Dolor o la Asociación Africana de Cuidados Paliativos, con sede en Kampala.

En enero de 2016, el CCST ofreció los primeros cursos impartidos por personal exclusivamente sudanés. La doctora Nahla Gafer continuó formándose en este campo y en 2018 la Academia Americana de Hospicios y Medicina Paliativa la reconoció con el título de «Visionaria Mundial en Medicina Paliativa» por su trabajo de integración de la oncología y los cuidados paliativos.

Ese mismo año, el CCST se enriqueció con la llegada de una enfermera irlandesa, Geraldine Damanhuri, misionera laica del Camino Neocatecumenal especializada en cuidados paliativos, con 30 años de experiencia en el sistema de salud británico.

Geraldine y la doctora sudanesa Mohja Marhoom –que también se había beneficiado de la formación en el extranjero gracias a varios proyectos presentados por el CCST– crearon en enero de 2019 un grupo de voluntarios en cuidados paliativos, el Comboni Palliative Care Volunteers Group.

El grupo de voluntarios, que se convirtió en el alma del CCST, incluía tanto a profesionales de la salud como a estudiantes de los diversos grados del CCST. Era una verdadera alegría ver a los estudiantes, cristianos y musulmanes, volviendo de prestar servicio con los enfermos terminales del centro oncológico de Jartum con sus ojos brillantes por haber experimentado la alegría de servir.

Entre las técnicas que los jóvenes aprendían y luego aplicaban estaba un masaje en la mano que aliviaba el dolor de los enfermos. Nuestros estudiantes hacían más llevadero, de este modo, el tránsito de la enfermedad, escuchaban a las personas internadas en el centro y hacían de enlace con sus familias.

Estos voluntarios se convirtieron en nuestros misioneros de la misericordia. Una institución educativa católica debe formar en la actitud de servicio. ¿Pero cómo se hace eso? ¿Cómo inculcar en los estudiantes que la mayor felicidad la encontrarán en poner lo que aprenden al servicio de sus comunidades? Sin lugar a dudas, unas simples palabras motivadoras no bastan para que un estudiante asimile esto, lo tiene que experimentar y enamorarse de su belleza. El grupo se convirtió en un instrumento precioso para promover esa educación para el servicio.

Una red de apoyo y un puñado de idiomas

La dictadura de Omar Hassan al Bashir había acelerado la islamización del currículo educativo. Eso significó que en Literatura se estudiaba fundamentalmente el Corán como obra de referencia, que en Matemáticas se contaban minaretes en lugar de manzanas, que la historia universal partía del relato de Adán y Eva, que la asignatura de Historia de Sudán empezaba con un tema llamado «La llegada de la gente», en el que se relataba la entrada de las tribus árabes en el país, como si antes no hubiera habido nadie. Todas las escuelas del país debían trabajar con los mismos libros de texto, que eran editados por el Ministerio de Educación General. La palabra estudiar significaba «memorizar y repetir».

Con este bagaje nos llegaban los estudiantes a la universidad, donde, en cambio, disfrutábamos de más libertad a la hora de proponer contenidos didácticos. El aprendizaje del inglés, el italiano y el español abría a los estudiantes horizontes totalmente nuevos y facilitaba el acceso a otras escalas de valores o culturas.

Los cursos de educación continua de italiano, a veces impartidos por alguna misionera comboniana y otras por voluntarios, nacieron con los primeros pasos del CCST. Fueron aprobados por el Ministerio de Universidades e Investigación Científica en 2002, por lo que podíamos expedir certificados oficiales a los estudiantes que completaban seis meses de estudio. El mismo ministerio aprobó en 2011 el Grado de Lengua y Literatura Inglesa, en el que el italiano era el segundo o tercer idioma, si contamos el árabe y el inglés. El plan de estudios incluía cinco semestres de italiano que impartía un voluntario transalpino, Mattia Edallo, que acababa de llegar.

Mattia era graduado en Historia, pero tenía un don natural para la enseñanza de la lengua, además de un gran carisma entre los estudiantes, con los que no dudaba en jugar al fútbol o sentarse en la calle a tomar un té.

En 2015, el CCST firmó un convenio con la Universidad para Extranjeros de Perugia (Italia), que era el principal centro certificador de italiano. En marzo del año siguiente se organizó la primera sesión de exámenes internacionales.

Mattia se había dado cuenta de que para facilitar el aprendizaje de la lengua no bastaba con preparar bien sus lecciones, sino que había que crear un «ambiente italiano» que generase una inmersión lingüística lo más profunda posible.

Preparamos juntos un proyecto, el Comboni Italian Center (CIC), que presentamos al embajador italiano de la época, Fabrizio Lobasso. Este, a través de los empresarios que operaban en Jartum, consiguió la financiación necesaria. El CIC constaba de dos aulas y una oficina. Inaugurado el 12 de mayo de 2016, se convirtió en un espacio desde el que se organizaban torneos de fútbol con centros lingüísticos como el Instituto Francés, el British Council o el Goethe Institut, proyecciones cinematográficas, exposiciones fotográficas y artísticas...

La colaboración con la Embajada de Italia nos facilitó la solicitud al Ministerio de Asuntos Exteriores italiano de una ayuda para poder contratar a un profesor profesional. Este paso, junto con la mejora de las instalaciones, elevó el nivel de nuestros cursos de italiano y aumentó el número de estudiantes.

Otro de nuestros objetivos era la formación de profesores sudaneses de lengua italiana. Durante el curso académico 2019-2020, después de un año y medio de formación e implicación, dos sudaneses pasaron a formar parte, con total responsabilidad, del equipo docente de los cursos de formación continua. Además, apoyaban al profesor nativo italiano en los cursos del grado.

Los estudiantes de los cursos de formación continua aprendían muy rápido. Junto a la motivación, era importante que ya conocieran otras lenguas como el inglés, el alemán o el francés. En cambio, nos encontrábamos con un gran desafío con los estudiantes del grado, mucho más jóvenes que aquellos. Eran graduados en un sistema educativo arabizado en el que habían recibido muy escasa formación en inglés, la única lengua extranjera que conocían. Tampoco se mostraban muy motivados para el estudio del italiano, pues se habían matriculado en el Grado de Lengua y Literatura Inglesa.

Para facilitar la transición entre la Secundaria y el estudio del italiano, introdujimos en noviembre de 2020 un curso extracurricular, en el primer año del grado, llamado Introducción a las Culturas Española e Italiana. El español se había introducido como alternativa al italiano en 2017. Con el nuevo curso introductorio, cuando llegaban a segundo tenían que escoger entre estas dos lenguas con algo más de conocimiento e interés.

La historia del español en el CCST tiene mucho que ver con la de Yasir Mohamed Ahmed Husein, un sudanés que entre 1982 y 1985 estudió Diseño de Interiores en España, donde se enamoró de la lengua y la cultura. En 2008, la doctora Nahla Gafer le invitó a organizar cursos de español como parte de la oferta de los programas de formación continua del CCST. Yasir Husein no tenía una formación académica en Filología o Pedagogía, pero sí un don natural para facilitar el aprendizaje de la lengua y contagiar su pasión por la cultura española.

En 2013 iniciamos un diálogo con el Instituto Cervantes en El Cairo (Egipto) para convertirnos en centro de exámenes, y con el Ministerio de Universidades e Investigación Científica para la aprobación oficial de nuestros cursos de español como programas de formación continua.

El 20 de noviembre de 2014, el CCST celebró la primera sesión de exámenes para la obtención del Diploma de Español como Lengua Extranjera (DELE). Cuatro estudiantes tuvieron éxito en esa primera convocatoria y recibieron sus certificados el 26 de febrero de 2015 de manos de los embajadores de España, Juan González Barba, y Venezuela, Haníbal Márquez.

Como ya se ha mencionado, el español se incorporó al nuevo currículo del Grado de Lengua y Literatura Inglesa que empezaba en el curso 2016-2017 como alternativa al italiano. Era el único grado universitario en Sudán que incluía el estudio de estas dos lenguas latinas.

La embajada española jugó también un papel fundamental para que el Ministerio de Asuntos Exteriores y la Agencia Española de Cooperación Internacional para el Desarrollo (AECID) nos asignaran una plaza de lector de lengua española en 2017. El primero empezó la docencia el 1 de diciembre de ese mismo año con los estudiantes del segundo año del nuevo currículo.

En 2021, el CCST se convirtió en centro de exámenes del Servicio Internacional de Evaluación de la Lengua Española (SIELE).

Todas estas iniciativas nos ayudaron a crear un movimiento de voluntarios que venían a apoyar las actividades relacionadas con la enseñanza del español, el italiano o el inglés por períodos más o menos largos, además de tejer una red de relaciones con diversas instituciones académicas como la Università per gli Stranieri di Perugia, la Sociedad Dante Alighieri o el Instituto Cervantes.

Esta red se fue ampliando con el paso de los años con nuevos actores, como la Universidad Politécnica de Valencia (UPV), con la que desarrollamos varios programas de intercambio de estudiantes y personal como los proyectos Meridies, Erasmus Ka107 (desde 2020), Ventus (desde 2023) y Erasmus+ Desarrollo de capacidades en educación universitaria (desde 2024).

A través de Meridies, la incubadora de compañías del CCST acogió a cuatro estudiantes de la UPV entre 2018 y 2022. El proyecto hizo posible que viniera a Jartum en 2022 una experta de empleo del Servicio Integrado de Empleo de la UPV, María Mercedes Lillo. A través de Erasmus Ka107 pudimos enviar a la UPV a siete estudiantes del Grado de Informática durante un semestre y a tres profesores para estancias de intercambio académico entre 2020 y 2023. En 2022 también acogimos a la doctora Consuelo Esteve, docente de la UPV.

Por otro lado, el CCST desarrolló diferentes proyectos de transferencia de conocimiento e investigación con el Instituto de Investigación e Innovación en Servicios para el Desarrollo y con el Instituto de Ciencias del Patrimonio Cultural, ambos del Consejo Nacional de Investigación Italiano.

A partir de 2022 empezamos a recibir apoyo del grupo Proeduca, propietario de la Universidad Internacional de La Rioja (UNIR) y de la Miami City University (MIU).

Otro hilo fundamental de esta red de colaboraciones es el Camino Neocatecumenal, a través del cual llegó hasta nosotros Alfredo Martín Martínez con su numerosa familia. Licenciado en Ciencias Físicas, impartió esta materia en nuestros departamentos de Matemáticas y Física y Lengua Española entre diciembre de 2016 y 2020.

Estas iniciativas ensanchaban los horizontes culturales y vitales de nuestros estudiantes y del personal administrativo y docente, y nos ayudaba a elevar la calidad académica de nuestros grados.

Capítulo 7

En medio de una revolución

A finales de 2018 se percibía una gran tensión en el país debido a la dureza de las condiciones económicas que sufría el pueblo sudanés. Faltaban la gasolina y el gasoil en las estaciones de servicio y la inflación había alcanzado el 73%. Prácticamente al mismo tiempo, el Parlamento había decidido apoyar la enmienda constitucional que extendía el mandato del presidente Omar Hassan al Bashir mientras crecían los sentimientos de rabia y rechazo por parte de la población contra la corrupción del aparato político-militar que gobernaba en Jartum.

La chispa saltó cuando el Gobierno retiró los subsidios que rebajaban el precio del pan, que triplicó su valor de un día para otro. El aumento del coste de la harina ya fue el detonante de las manifestaciones pacíficas que derrocaron a los regímenes militares en 1964 y 1985.

La ola de manifestaciones empezó en Damazin el 13 de diciembre de 2018 y se extendió por las principales ciudades sudanesas a partir de la quema de la sede del partido en el poder, el Partido del Congreso Nacional, en Atbara, el 19 de diciembre.

Wasma, una de las estudiantes de los cursos de italiano, describió así sus sentimientos ante el inicio de las movilizaciones:

Lo que me pasó por la cabeza fue que esos jóvenes eran muy parecidos a los de las protestas de 2013. Recordé el día en que una niña inocente murió por nada, solo porque estaba en el lugar equivocado, frente a un soldado que no tenía el alma de los hombres de verdad. Tenía miedo de que la Policía pudiera repetir los mismos errores. Lentamente mi sentimiento de miedo se convirtió en dolor por aquellos inocentes que se convertirían en los nuevos mártires.

Los manifestantes repetían el eslogan «Simplemente cae», con el deseo de que el presidente Al Bashir presentase su dimisión y dejase paso a un gobierno de transición que preparase unas nuevas elecciones. Este lema iba acompañado de gritos como «Libertad, justicia y paz» o «Pacíficamente», para expresar el carácter no violento de las protestas.

Las Fuerzas de Seguridad gubernamentales respondieron con gases lacrimógenos y fuego abierto contra algunos de los manifestantes. En las primeras semanas de protestas se contaron 51 víctimas mortales y más de 1 000 heridos. Para evitar las concentraciones estudiantiles, el Gobierno decretó el cierre de universidades y colegios el 23 de diciembre. Pero no pararon.

La avenida del Qasr, donde se encuentra nuestra sede central, lleva directamente al palacio presidencial. Se convirtió, por tanto, en uno de los escenarios principales de las manifestaciones. El 25 de diciembre dispararon contra las personas que rodeaban nuestra casa y la sede del CCST para impedirles la llegada hasta el edificio gubernamental. Dos heridos saltaron el muro y buscaron refugio en nuestro terreno. Uno de nuestros estudiantes sudaneses del Grado de Lengua y Literatura Inglesa compartía estas líneas sobre lo acaecido aquel día:

El 25 de diciembre fue un día inolvidable para mí porque salí a la calle [para manifestarme] por primera vez. Unos días antes había oído que iba a haber una gran manifestación organizada por la Asociación de Profesionales[1] con destino al palacio del presidente Al Bashir con el objetivo de entregar un mensaje al Gobierno pidiendo su dimisión. Mi hermano y yo decidimos participar. Dos horas antes de salir estaba asustado e indeciso. Escribí una carta a mi familia y a gente que conozco, ya que no estaba seguro de regresar.

Usualmente las protestas empezaban a la una de la tarde, y cuando llegué ya había muchísima gente. Al principio fue muy bien, sin violencia por parte de la seguridad y la Policía, que nos dejaron pasar tranquilamente, pero al final nos encontramos en medio de un cruce y de repente empezaron a disparar en nuestra dirección. Rápidamente corrí a una casa que tenía la puerta abierta, tomé la mano de una chica que estaba a mi lado y entramos.

---

[1] La Asociación Sudanesa de Profesionales estaba formada por ingenieros, médicos, abogados y periodistas y fue la que proyectó las estrategias revolucionarias ejecutadas por miles de jóvenes sedientos de cambio. Redactaron un manifiesto por la libertad y el cambio que fue firmado por otros grupos como Sudan Call y las Fuerzas de Consenso Nacional.

Nos quedamos allí durante casi una hora, llenos de miedo a ser arrestados o asesinados. Estaba muy preocupado porque mi hermano no estaba conmigo.

Finalmente decidí irme a casa. Cuando salí, la Policía estaba por todas partes y toda la adrenalina de mi cuerpo se había disipado. Por suerte, logré salir de ese lugar y llegar a casa, donde encontré a mi hermano. Vi mi carta exactamente donde la había dejado y comencé a reír.

Otra estudiante, Lana, de los cursos de italiano describió así sus sentimientos durante aquellos días del inicio de la revolución:

Pensé que era imposible derribar el régimen y que las protestas terminarían después de dos semanas. Pero luego me sorprendió la cantidad de gente en la calle. Estaba muy orgullosa, y por eso decidí participar el 31 de diciembre.

Recuerdo estar muy asustada. Cuando me bajé del coche, vi a una mujer pobre y le di todo el dinero que tenía porque pensé que no volvería a casa ese día. Cuando comenzó la protesta, la Policía llegó de inmediato. Me quedé inmóvil, sin saber qué hacer. Enseguida me encontré envuelta en gases lacrimógenos. No sabía a dónde ir. De repente, una chica vino y tomó mi mano. Escapamos y nos escondimos dentro de una escuela. Me sentía orgullosa por mi valentía, al mismo tiempo que muy asustada.

A mediados de enero de 2019, el Gobierno permitió retomar la actividad académica a las universidades que lo desearan. El mensaje que se quería transmitir era que el Ejecutivo controlaba la situación. Quizás se habían dado cuenta de que si mantenían cerradas las universidades no dejarían otra alternativa a los estudiantes que manifestarse por un futuro mejor.

Muchos centros decidieron unilateralmente retomar el curso, pero los estudiantes se negaron. En algunos casos, las Fuerzas del Orden entraron en universidades donde los estudiantes expresaban su oposición al retorno a las aulas y al régimen de Al Bashir.

En nuestro caso, los alumnos nos pidieron a través de las redes sociales que retomáramos las clases. Volvimos a las aulas el 19 de enero. Me pasé por cada clase, escuché a los estudiantes y les hablé en estos términos: «La inmensa mayoría de vosotros nos ha pedido que continuemos con la actividad académica. Los profesores y la administración estamos con vosotros en esta decisión, pero os tenéis que comprometer a que las actividades relacionadas con la revolución sean organizadas fuera del campus universitario. Es la única manera de respetar la decisión de la mayoría y hacerla viable».

El CCST tenía un gran porcentaje de estudiantes de Sudán del Sur, Eritrea y Etiopía, así como de familias desplazadas de Darfur y los montes Nuba. Los extranjeros y los provenientes de tribus diferentes a las del valle del Nilo, que son las que copan el poder, no se sentían tan involucrados en la política local y su prioridad era el estudio. Por otra parte, procedentes de lugares en conflicto, tenían el carácter y las habilidades necesarias para moverse en un contexto tan particular como aquel.

Los servicios secretos habían colocado francotiradores en diversos lugares de la ciudad con los líderes juveniles como objetivos. Se trataba de provocar un número reducido de víctimas para no llamar demasiado la atención de la comunidad internacional y de ser eficaces en la intimidación a los manifestantes. Uno de los tiradores estaba apostado en el séptimo piso de un hospital en construcción en la intersección entre las calles Babiker Badri y 21 de Octubre, justo enfrente de nuestra Facultad de Informática. Desde allí causó la muerte de al menos un joven.

En esos días, los servicios de inteligencia se movían en camionetas Toyota. Cuando veían a un grupo de jóvenes, tomaban a algunos de ellos y se los llevaban a lugares donde les registraban los teléfonos para ver, a través de su actividad en las redes sociales, su grado de participación en la revolución. Se decidía su destino según fuera ese vínculo. Se torturaba a los que eran considerados parte activa de la organización para conseguir los nombres de otros activistas. De algunos de ellos no se supo nada tras su detención. Otros que no eran considerados peligrosos recibían una paliza más o menos moderada y eran liberados.

Teníamos dicho a los estudiantes que permanecieran dentro del campus y que no formaran corros o aglomeraciones sobre la acera para evitar ser secuestrados por los servicios secretos. A pesar de estas indicaciones, una de esas camionetas se llevó a un estudiante y a un joven profesor. Pedí a uno de mis trabajadores que siguiera a aquel vehículo para identificar el destino. Una vez allí, en la plaza de Abu Yanzeer, llamé a un conocido nuestro de los servicios secretos, que tuvo la deferencia de cuidar de ellos. ¡Hasta en los servicios secretos hay ángeles protectores! De hecho, había miembros de los servicios secretos que no estaban de acuerdo con las órdenes que recibían. Tanto el estudiante como el profesor volvieron sanos y salvos al College.

El 6 de febrero, el embajador español, Alberto Ucelay, nos visitó y se encontró con los estudiantes de español. Aquel día se procedió a la distribución de los diplomas DELE para los alumnos que habían aprobado los exámenes de la convocatoria de mayo de 2018. La vida académica se entrelazaba con la revolución, que seguía su curso.

Ante la brutalidad y la impunidad de las Fuerzas del Orden, los jóvenes revolucionarios compartían en las redes sociales fotografías de diferentes atrocidades y pedían la colaboración ciudadana para conseguir la identificación de sus responsables. A pesar del bloqueo gubernamental de Facebook, WhatsApp, YouTube o Twitter, la protesta conseguía transmitir sus mensajes usando una red privada virtual de acceso a Internet.

El 14 de febrero, una fila de camionetas *pick-up* con soldados de las Fuerzas de Apoyo Rápido (RSF) se encontraba en la calle Babiker Badri, muy cerca de nuestro campus. Desde sus posiciones, vieron a una estudiante que les tomaba una fotografía desde una de las ventanas. Una veintena de soldados entraron en el edificio para buscarla. Mientras cruzaban el campo de baloncesto, Mustafa, el conserje del edificio, subió las escaleras hasta el primer piso y ordenó a los estudiantes que se metieran en sus clases. Cuando los soldados llegaron allí, los alumnos estaban en las aulas sentados como buenos chicos.

–¿Quién nos ha fotografiado? –gritó un soldado en la primera clase.

Nadie respondió. La pregunta se repitió en la segunda.

–Todos al campo de baloncesto –ordenó el soldado al no encontrar respuesta.

Su intención era golpear a los estudiantes con un látigo hasta que alguno delatara a la autora de la fotografía. Mustafa hizo ver a los soldados que el edificio tenía cámaras de vigilancia y que convenía que moderaran su comportamiento pues todo quedaba grabado.

–Abre la puerta del servidor –gritó el soldado.

–Lo siento, pero no tengo llave –respondió Mustafa.

–¿Y dónde está esa llave? Quiero el disco duro.

–El director del equipo de Tecnología de la Información está en Manshia –añadió Mustafa.

En Manshia se encontraba una subsede del College donde se impartían clases de inglés y español.

–Llámalo –gritó el soldado, enfurecido.

Mustafa llamó a George Noh y pasó el teléfono al soldado. Noh había hecho su servicio militar como experto en tecnologías de la información con los servicios secretos y tenía un gran sentido del humor. Sabía cómo lidiar con ellos.

–Queremos que nos abras inmediatamente el servidor –ordenó el militar.

–Si no me mandas un helicóptero no puedo abrirte inmediatamente. Estoy en Manshia –respondió George con cierta sorna.

El director cogió su coche y tardó unos 20 minutos en recorrer los cinco kilómetros que separan la sede del CCST del aulario de Manshia. Al llegar, propuso un trato al oficial.

–Todo lo que ha sucedido en los últimos minutos está grabado. Vamos a hacer lo siguiente: tú ordenas a los soldados que salgan y tú y yo formateamos el disco duro de manera que no quedará nada de vuestra presencia.

El director resolvió la tensa situación. El disco duro contenía también la imagen del asesinato de un joven por el francotirador situado en el hospital el 25 de diciembre.

A pesar de la tensión ambiental y de la participación de miembros de nuestro personal en las manifestaciones, conseguimos acabar el primer semestre el 2 de marzo, tal y como estaba programado. Algunos venían al trabajo con los ojos como platos debido a la tensión que suponía compatibilizar las actividades revolucionarias con las profesionales. Los exámenes tuvieron lugar entre el 9 y el 29 de marzo.

El 5 de abril los manifestantes tomaron la zona del Cuartel General de las Fuerzas Armadas, alrededor del cual se había formado un campamento popular. El general Al Bashir ordenó al Ejército dispersar por la fuerza a la muchedumbre y autorizó a los militares a acabar con hasta un tercio de los manifestantes. Parte de la cúpula militar y el comandante de las RSF se negaron a obedecer la orden y depusieron al mandatario.

Al-Tayeb, estudiante del Grado de Lengua y Literatura Inglesa recuerda el día del final de Omar al Bashir:

La mañana del 11 de abril mi hermana me despertó gritando y diciendo que Al Bashir había caído. Pensé que era un sueño, pero no. Sentí ganas de llorar y de reír al mismo tiempo. No fue fácil derribar a quien había gobernado durante 30 años.

Salí de casa sin siquiera lavarme la cara. Gritaba de alegría todo el tiempo y cuando llegué a la plaza me quedé sin palabras. Alrededor de las diez se produjo un ataque por parte de varios francotiradores que terminó después de 20 minutos. Esperamos un comunicado oficial durante unas seis horas, que finalmente llegó a las tres en punto. Hubo una gran decepción, porque la persona que lo leyó trabajaba con el antiguo Gobierno y era primo de Al Bashir. Habíamos salido a la calle a manifestarnos para cambiar no solo al presidente, sino a todo el sistema y por eso teníamos que seguir en la plaza hasta derribarlo.

El general Awad Ibn Auf anunció un estado de emergencia de tres meses y un período de transición de dos años para preparar el paso a un gobierno civil. La explanada delante del Cuartel General de las Fuerzas Armadas continuó ocupada por miles de manifestantes que clamaban por el cambio. El 12 de abril se anunció un nuevo nombre para presidir la Junta Militar, Abdel Fattah al-Burhan, quien parecía tener un expediente más limpio en relación a los crímenes del sistema precedente.

El segundo semestre del curso debía comenzar el 8 de junio, pero cinco días antes una operación conjunta del Ejército, las RSF y la Policía Antidisturbios dispersó el campamento ciudadano causando más de 100 víctimas. Se pasaba de la esperanza a la desilusión más profunda. Un estudiante escribía:

Era tal la frustración que me acerqué a los soldados para recibir un balazo. Desgraciadamente esto no sucedió. Fui arrestado y torturado, pero no sufrí ni sentí dolor. Experimenté en cambio una sensación de libertad. Esa noche cambió mi estado. Dejé de ser una vela que encendía otras. Me apagué.

Tras el impacto emocional inicial, las actividades revolucionarias recobraron vigor. Los días sucesivos estuvieron marcados por las huelgas y las actividades de desobediencia civil.

Pudimos comenzar el segundo semestre el 15 de junio, pero tuvimos que aprender a convivir con las manifestaciones. Cuando preveíamos que podían ser violentas, dábamos vacaciones. Otras veces hacíamos media jornada y enviábamos a los estudiantes a casa antes de la una de la tarde, hora a partir de la cual se solían llenar las calles de manifestantes.

Otras veces las manifestaciones nos pillaban por sorpresa. En mi despacho tenía siempre una botella de vinagre que usaba para reanimar a las personas que se desvanecían como consecuencia de los gases lacrimógenos.

Esta situación se extendió hasta finales de 2022. A partir del año siguiente, las manifestaciones eran detenidas por las Fuerzas del Orden al sur del CCST.

Nace la incubadora de empresas

En 2017 contactó conmigo la doctora Sabrina Greco, del Instituto de Innovación y Servicios para el Desarrollo (IRISS, por sus siglas en italiano), perteneciente al Consejo Nacional de Investigación (CNR, por sus siglas en italiano), para concurrir a un concurso abierto por el Departamento de Libertades y Democracia del Ministerio del Interior de aquel país, que contaba con fondos de una plan regional de la Unión Europea para generar oportunidades de empleo en países del Sahel de donde proceden emigrantes o refugiados que llegan a Europa.

Con el IRISS y junto al Departamento de Formación Continua de la Universidad Aldo Moro, de Bari, elaboramos un proyecto que tenía como objetivo dotar de habilidades empresariales a 140 estudiantes universitarios matriculados en grados de índole digital (Informática, Tecnología de la Información, Ingeniería de Sistemas…). Nos parecían los más oportunos para promover pequeñas empresas y para aprovechar una formación que se impartía parcialmente en línea.

Presenté el proyecto al Ministerio de Universidades e Investigación Científica de Sudán a través de la Dirección General de Universidades Privadas. La idea entusiasmó a Mohamed Ismail Yousif Suleiman, su vicedirector. Esta iniciativa, además, fue el inicio de nuestra amistad. El Ministerio se convirtió en uno de los socios junto con el IRISS, la universidad de Bari y el CCST. El proyecto fue bautizado con el nombre de «INSO: Innovación en la sociedad y desarrollo del capital humano en Sudán».

En un contexto de desesperanza para los jóvenes, el apoyo a iniciativas empresariales impulsadas por ellos mismos nos parecía muy importante. También le pareció así al Ministerio del Interior italiano, que seleccionó nuestra idea entre las merecedoras de financiación.

INSO fue inaugurado el 24 de abril de 2017 con la presencia del embajador italiano en Sudán, Fabrizio Lobasso, y la ministra de Universidades e Investigación Científica de Sudán, Sumeya Abu Kashawa, quien en su discurso nos pidió que este proyecto se convirtiera en un eje estratégico de nuestro desarrollo como institución universitaria, puesto que el país lo necesitaba. Los contenidos didácticos tenían que ver con la creación de microempresas, el concepto de sostenibilidad empresarial, la gestión empresarial; incluía elementos de *marketing*; versaba sobre el uso de Internet y las redes sociales para la promoción de la microempresa; técnicas para encontrar empleo; preparación de una entrevista de trabajo o la elaboración y presentación de un proyecto personal.

El 26 de mayo de 2017 presenté el proyecto tanto en la sede del IRISS como en la Universidad Aldo Moro junto a los equipos involucrados de estas instituciones. Allí estaban también la directora del departamento del Ministerio del Interior italiano que financiaba el proyecto y los embajadores de los dos países. En noviembre volví a viajar a Nápoles, sede del IRISS-CNR, acompañando a nuestros dos profesores encargados de gestionar las prácticas de nuestros estudiantes y a una delegación del Ministerio de Universidades e Investigación Científica del Sudán compuesta por el director de la Unidad de Gestión de la Información, el vicedirector del Departamento de Educación Superior Privada, el rector y el secretario de Asuntos Académicos de la Universidad Tecnológica de Méroe. Estos dos últimos eran, además, consejeros técnicos del Ministerio. Nuestro viaje incluía también formación para los miembros de la delegación sobre distintas materias, lo que nos proporcionaría herramientas para promover ideas de negocio –incluidas microempresas y empresas de nueva creación–, planificación y gestión de proyectos.

Tuvimos también un taller para analizar los resultados del proyecto y planificar la forma de darle continuidad. Reflexionamos con dos profesores del Centre Population et Development, de la Universidad René Descartes, de París, las implicaciones del proyecto en el campo de la investigación.

En Nápoles visitamos una incubadora de empresas sociales multiculturales llamada Dialogue Place. Allí intentaban mezclar la creatividad de jóvenes inmigrantes con el conocimiento de jóvenes napolitanos acerca de la realidad local para crear empresas innovadoras. El itinerario finalizó en Bari, donde nos instruyeron sobre la creación de departamentos de orientación profesional en universidades.

Mientras tanto, los 140 estudiantes del proyecto, provenientes de 16 universidades sudanesas, continuaban con su formación en el laboratorio de ordenadores del CCST.

Por aquel entonces ya nos habíamos dado cuenta de que el proyecto INSO, a pesar de los buenos resultados que tuvo en términos de empleo, no era suficiente para apoyar la creación de empresas. Hacía falta una estructura física donde los jóvenes emprendedores encontraran ayuda para desarrollar su idea de negocio, amén de conexiones u oficinas para relacionarse con sus primeros clientes.

En julio de 2018 aprovechamos la llegada de dos estudiantes de máster de la UPV, Carolina de Fátima Ramírez Gonzales y Claudia Campos Mejías, expertas en agroindustria y sostenibilidad respectivamente, para estudiar la viabilidad de crear una incubadora de empresas digitales y diseñar su plan estratégico de desarrollo. En esta tarea estuvieron apoyadas por uno de nuestros graduados en Informática, Ahmed Ali Mekki.

El 9 de febrero de 2019 debía viajar a Italia con una representante del ámbito empresarial sudanés, Muna Mohammed Elamin Merghani, graduada del Sisters School Khartoum y directora de recursos humanos y sostenibilidad de Haggar Holding, uno de los mayores grupos empresariales sudaneses. En aquella ocasión participaría también una delegación del Ministerio de Universidades y de Investigación Científica.

Había presentado el pasaporte para renovar mi permiso de residencia y solicitar el necesario visado de salida y regreso. Para los misioneros, cualquier trámite de este tipo era siempre una odisea. El director de Educación Universitaria Privada, Mohamed Ismail en esa época, solicitaba a la Dirección de Asuntos de las Iglesias –organismo de los servicios de inteligencia que debía aprobar mi solicitud antes de pasar al Ministerio del Interior– que facilitara la tramitación de mis documentos. Pero mi visado de salida y regreso no llegaba. Me encontraba de frente a los dos Sudanes: el que obstaculizaba nuestro trabajo misionero-educativo y preocupado por mantener el *statu quo*, y el del personal del Ministerio de Universidades, con el que me sentía en plena sintonía. Con ellos compartía el afán por la educación de los jóvenes y su desarrollo.

La doctora Sabrina Greco también presionó al embajador italiano en Sudán con el fin de que hiciera lo posible para facilitar mi viaje con la delegación sudanesa. Finalmente, el Ministerio de Asuntos Exteriores sudanés obligó al Departamento de Asuntos de las Iglesias y al Ministerio del Interior a procesar mi pasaporte. Lo recogieron un viernes, día festivo, y lo recibí el sábado a las 9:30 de la mañana. Dos horas después estaba en el avión con la delegación.

Presentamos los resultados del proyecto en Nápoles y Bari y propusimos al IRISS y al Ministerio del Interior italiano dedicar parte de los fondos a la creación de la incubadora de empresas. Fuimos incluso más ambiciosos y discutimos la posibilidad de crear una red de incubadoras universitarias como instrumento para promover el desarrollo sostenible de Sudán. La idea no debió ser muy descabellada pues unos años después, en 2023, se formó un comité en el Ministerio de Universidades con este fin, en colaboración con la Organización de las Naciones Unidas para el Desarrollo Industrial (UNIDO).

Capítulo 8

¿POR DÓNDE IRÁ EL FUTURO?

Mientras el pueblo sudanés luchaba por un Gobierno civil, la incubadora de empresas abría la matriculación para potenciales empresarios interesados en desarrollar su idea de negocio. Era el 20 de junio de 2019 y aquella iniciativa surgía bajo el nombre de Comboni Innovation and Entrepreneurship Center (CIEC). Las instalaciones eran el resultado de la transformación de una vieja sala del complejo deportivo, el Comboni Playground, en dos oficinas, un espacio de cotrabajo y los servicios necesarios para el funcionamiento de aquella idea. Se contaba con el patrocinio de Japanese Tobacco International y el apoyo del Departamento de Responsabilidad Social Corporativa del grupo empresarial Haggar para la formación de los empresarios.

El 20 de julio comenzó la fase denominada de preincubación con 20 jóvenes y un programa de talleres sobre innovación, emprendimiento, desarrollo de negocio, comunicación o *marketing* digital. Algunos directivos de Haggar prepararon los talleres de orientación práctica.

Intentamos registrar el CIEC en el Ministerio de Universidades e Investigación Científica como centro de innovación y emprendimiento, pero en aquella época el Ministerio todavía tenía esquemas demasiado académicos sobre una institución de las características que nosotros teníamos en mente y exigía la presencia de profesores universitarios con doctorados en el campo financiero y empresarial. Nuestra idea era diversa, pues de lo que se trataba no era tanto de mejorar la formación académica de los jóvenes empresarios, sino de ayudarlos a desarrollar su idea de negocio, fundamentalmente en el mercado digital, y a convertirla en una compañía.

Se trataba de una estructura sencilla con solo dos o tres empleados, un director, un gestor de proyectos y un contable, que ejecutaran los diversos programas o proyectos, recurriendo a expertos externos cuando fuera necesario.

Visto que era inútil continuar intentándolo con el Ministerio, decidimos iniciar el proceso para registrar la incubadora como una «compañía limitada por garantía», que era la categoría del derecho comercial sudanés que incluía a las empresas sociales sin ánimo de lucro. El camino, largo y farragoso, concluyó en 2021. No nos dejaron usar el nombre de Comboni, pues en el registro comercial ya había otras instituciones que lo empleaban. Así que la denominación oficial fue C-Hub. Se trataba de una empresa con dos accionistas: la universidad (CCST) y la escuela secundaria (CCK).

Un consultor de tecnologías de la información de la Bilbao Bizkaia Kutxa, Iñaki Ballano, contactó con *Mundo Negro* y expresó su deseo de donar parte de la herencia de sus padres, fieles lectores de la revista, a un proyecto que facilitase el emprendimiento en África. Gracias a su ayuda construimos un segundo piso con dos nuevas oficinas, un espacio más grande para los talleres y el cotrabajo, un pequeño laboratorio de ordenadores y una cocina.

En 2022, gracias a la financiación de la Agencia Italiana de Cooperación al Desarrollo, el C-Hub ejecutó un proyecto para ayudar a 20 empresarias, con prioridad para mujeres con discapacidad. En la incubadora recibían la formación necesaria para desarrollar su idea de negocio, en muchos casos relacionada con la venta de productos artesanales, y para dar visibilidad a su trabajo a través del diseño gráfico digital.

Un instrumento común a las incubadoras es el *hackathon*. La palabra es una contracción de «*hacker*» y «maratón», y originalmente hacía referencia a los encuentros de programadores para diseñar soluciones de *software* en grupos muy reducidos, de dos a cinco personas, y en un tiempo determinado, entre 24 y 48 horas. En el contexto de la incubación se refiere a eventos donde los participantes se dividen en grupos para generar soluciones a un determinado problema o preparar proyectos innovadores. Al final, un jurado selecciona la solución o el proyecto ganador que normalmente obtiene un premio, recibe financiación o es seleccionado para una fase sucesiva de desarrollo de esa idea. Estos eventos son costosos y el problema es que a veces las personas que proponen la idea más potente luego no tienen el tiempo, la pasión o las habilidades necesarias para desarrollarla, por lo que se pierden recursos en su apoyo.

Este análisis crítico de la metodología de innovación y el emprendimiento, junto a las conversaciones con Iñaki Ballano nos llevaron a elaborar un proyecto que, en lugar de partir de la idea del joven empresario, lo hacía de las necesidades de compañías concretas.

Los jóvenes y el mercado digital

Después de celebrar la misa dominical vi una llamada perdida de alguien que no conocía. Devolví la llamada y me topé con Ahmed Saeed, administrativo de la embajada de Suiza para Sudán y Eritrea. Había trabajado con nosotros en el pasado como profesor de inglés y me pidió que preparase un proyecto que generase empleo entre los jóvenes.

Era la oportunidad para poner por escrito la idea que habíamos ido madurando y elaborar una metodología que facilitase la inserción laboral de nuestros estudiantes.

El proyecto definía el papel de un director de relaciones corporativas (DRC). Esta persona debía llamar a la puerta de compañías e instituciones que tuviesen necesidades tecnológicas concretas que pudieran resolverse a través de una aplicación informática. Esta se convertiría en el proyecto de fin de grado de nuestros estudiantes de Informática o Tecnología de la Información.

Propuse la idea a Ginés Rodrigo Sánchez Córdoba, un ingeniero de sistemas que pidió una excedencia cuando aún trabajaba en SIEMENS para realizar una experiencia de servicio con nosotros. Ginés enseñó Programación desde diciembre de 2021 hasta abril de 2022 a nuestros estudiantes del Grado de Informática.

A su regreso a España fue asumido por Proeduca para desarrollar programas *online* con nosotros en Sudán con la colaboración de la Universidad Internacional de La Rioja y la Miami City University.

A Ginés Rodrigo le encantó la idea y se postuló a sí mismo para formar a un gestor de proyecto local, en este caso a una refugiada de Eritrea antigua alumna del Sisters School Khartoum y graduada en Informática con nosotros, y también a buscar mentores internacionales que pudieran apoyar a nuestros estudiantes para garantizar a los clientes el grado de calidad que el mercado requiere. El embajador suizo aprobó la idea y nos concedió los fondos necesarios para pagar al DRC, al gestor de proyectos y a los mentores.

En enero de 2023 empezamos con los primeros proyectos: dos sistema de gestión de inventario –uno para una empresa de equipos médicos y otro para una compañía de distribución de piezas de repuesto de motocicletas–, un sistema de gestión de relaciones con el cliente, un portal para dar visibilidad a una empresa de cosméticos, un acuerdo con un banco para digitalizar algunos de sus procesos y tres aplicaciones para el Centro de Investigación en el Micetoma (MRC, por sus siglas en inglés), una enfermedad tropical ignorada pero muy presente en Sudán.

El MRC es el centro de referencia de la Organización Mundial para la Salud de una región que incluye Sudán, Sudán del Sur, Chad, Eritrea y Etiopía. Se nos pedía aplicar la inteligencia artificial sobre una base de datos de 10 000 pacientes para identificar las variables relacionadas con el riesgo de amputación de un miembro. La segunda petición consistía en una aplicación para conectar a los especialistas del MRC con operadores sanitarios de los países de referencia del centro que pudieran necesitar apoyo para el diagnóstico precoz de la enfermedad. La tercera aplicación era más sencilla, se trataba de un sistema para la gestión del inventario de la farmacia.

De esta manera contribuíamos al proceso de digitalización de las empresas locales y nuestros estudiantes entraban en el mercado laboral en su último año de estudio. Los involucrábamos en el proceso de identificación de las necesidades del cliente desde el principio. Estas reuniones solían tener lugar en la incubadora. Por otro lado, el contacto directo con el mercado motivaba y desafiaba a nuestros profesores y nos obligaba a actualizar el currículo de un ámbito académico en constante cambio.

En marzo de ese año contactó con nosotros Amy Fallon, oficial de Innovación del Departamento de Inclusión Digital para África oriental, el Cuerno de África y la región de los Grandes Lagos del ACNUR. Nos pedía un proyecto que generase oportunidades profesionales para los refugiados.

Basados en la experiencia del proyecto apenas iniciado y que habíamos llamado *Bridging the Youth with the Digital Market* (Uniendo a los jóvenes con el mercado digital), diseñamos el *Bridging Refugees with the Digital Market* (Uniendo a los refugiados con el mercado digital). Estas iniciativas tuvieron que ser suspendidas por el estallido de la guerra el 15 de abril de 2023, pero se convirtieron en la inspiración de nuevos proyectos.

El turno de los enfermeros

La educación y la salud habían sido, junto a la actividad pastoral, los brazos de la acción evangelizadora de la Iglesia en Sudán. El P. Armando Ciappa, poseedor de «una irrefrenable creatividad para soñar grandes proyectos y una gran generosidad para lanzarse a su ejecución sin confrontarse mucho con los otros ni ponderar las posibles consecuencias», diseñó un proyecto de hospital o centro de atención oncológico en 2005. En 2006, sus deterioradas condiciones de salud le obligaron a dejar Sudán y el proyecto se quedó sin realizar.

Unos años más tarde, el 13 de septiembre de 2017, el Consejo de Fundadores del CCST se reunió y pidió un estudio de viabilidad para la creación de un grado en Enfermería con varias especializaciones, entre ellas la de Cuidados Paliativos en Oncología. Se trataba de evaluar la existencia de un cuerpo docente local y elaborar un plan de estudios.

El país tenía una gran necesidad de enfermeros. Los principales hospitales privados contrataban a sus profesionales en Filipinas o la India, mientras que los públicos tenían muchos sin una buena preparación académica.

El 28 de julio de 2018, el Consejo de Fundadores aprobó la elaboración de un proyecto para la construcción en la parte sur del Comboni Playground, alrededor del pozo que suministraba agua a la piscina, de un edificio que pudiera acoger el nuevo grado y la biblioteca central. Los ingenieros y arquitectos sugirieron un cambio en la ubicación e indicaron la conveniencia de levantar la nueva edificación al sur del campo de fútbol, pero lejos del pozo.

En febrero de 2022, el Ministerio de Universidades aprobó nuestro programa de cuatro años para el Grado en Enfermería. En el quinto curso, el estudiante puede elegir dos especialidades, Atención Materna-Unidad de Cuidados Intensivos y Oncología-Cuidados Paliativos, lo que le da acceso a un programa de máster sin necesidad de algún curso adicional de posgrado.

La coordinadora del programa es una de las profesionales de la salud con la que habíamos entrado en contacto a través de los cursos de cuidados paliativos, Halima Ali, doctora en Ciencias de la Enfermería. En su ciudad natal, Wad Medani, Ali había desarrollado una unidad de cuidados paliativos y un sistema de voluntarios de cuidados paliativos y cáncer dentro del Hospital Nacional del Cáncer.

El Grado contaba con un equipo formado por una coordinadora, la doctora Halima, la jefa del Departamento de Enfermería, Geraldine Damanhuri, y Wala Abderaiby, responsable de coordinar las prácticas de los estudiantes en hospitales.

El proyecto tenía el apoyo de la Asociación Italiana para la Solidaridad entre los Pueblos, AISPO, y una ONG transalpina especializada en proyectos sanitarios creada con personal del hospital milanés de San Raffaele y de la Universidad Vita-San Raffaele. AISPO formaba a nuestro personal para introducir un modelo pedagógico basado en la práctica. Esta era una de las claves de nuestra propuesta formativa en un país donde la experiencia de los estudiantes de Enfermería en los hospitales se dejaba para las últimas horas del día o, directamente, para el último curso. Por el contrario, nuestros estudiantes, tutorizados por los docentes preparados por AISPO, pasaban jornadas completas en los hospitales desde el segundo semestre.

El Ministerio de Salud solía pedir una tasa por cada estudiante que una universidad enviaba de prácticas a un hospital público. Además, los estudiantes debían pagar otra al centro hospitalario, lo que provocaba que algunas universidades no enviaran a sus alumnos a realizar prácticas o elevaran mucho sus tasas de matrícula, por lo que solo las familias más pudientes podían asumirlas. Esta dinámica ha provocado que durante mucho tiempo los nuevos enfermeros, con buena preparación y normalmente de clase media o alta, no se hayan quedado en los hospitales públicos locales, donde los salarios son muy bajos, y se hayan marchado a trabajar a países del Golfo Pérsico, donde también hay mucha necesidad de personal y los salarios son mucho más altos.

Nuestra coordinadora de Clínica Práctica, Wala Abderaiby, negoció con el Ministerio un acuerdo según el cual se nos eximía de parte de las tasas. A cambio, debíamos becar a cinco enfermeras del Ministerio que no tenían formación académica. De esta manera podíamos mantener las matrícula más asequibles y cumplíamos nuestro objetivo de formar enfermeros para regenerar el sistema local de salud.

Una característica importante de nuestro programa era presentar un enfoque de carácter holístico basado en la evidencia. En este último aspecto nos fue de gran ayuda la colaboración de la ONG británica Books2Africa, a través de la cual nos llegaron 4 000 manuales universitarios. La biblioteca nos permitía así potenciar las habilidades de investigación de los estudiantes. Otro aspecto era el carácter holístico de la visión de la persona, una contribución particularmente relevante en el ámbito de los cuidados paliativos, que era la especialidad de las tres sanitarias que lideraban el Grado de Enfermería, Geraldine, Halima y Wala.

En junio de 2022, el primer grupo de estudiantes comenzó las clases. En enero del año siguiente se unió un segundo. Las dos promociones llegaban a los 152 estudiantes que vieron cómo su recorrido académico se interrumpía por el estallido de la guerra.

Capítulo 9

EL COMBONI COLLEGE
BAJO LAS BOMBAS

A finales de marzo de 2023 reinaba un cierto optimismo en la ciudad de Jartum. Las negociaciones que debían reconducir la transición democrática parecía que estaban maduras. De hecho, se había anunciado el 1 de abril como fecha para la firma del acuerdo marco que debía guiar el proceso, el 6 para la rúbrica de la Constitución de transición y el 11 para la presentación del nuevo Gobierno civil de transición.

El 1 de abril anunciamos vacaciones pensando que el Gobierno cerraría los puentes que atraviesan el Nilo alrededor del palacio presidencial, sede del evento. El edificio ya estaba protegido por tanques y una gran presencia militar adicional desde hacía algunos días. Pero aquella mañana los puentes amanecieron abiertos. La firma del acuerdo marco se había pospuesto al 6.

Por las calles de Jartum ya había quien afirmaba que líderes del movimiento islamista se habían reunido con la cúpula del Ejército para bloquear el proceso y que no era descartable un golpe de Estado.

Llegó el 6 de abril y los puentes siguieron abiertos al tráfico. Esta vez no se anunció una nueva fecha. Por el contrario, los medios locales informaron del desplazamiento de 60 000 soldados de las Fuerzas de

Apoyo Rápido (RSF, por sus siglas en inglés) a su base militar en Soba, de su presencia alrededor de la base de las fuerzas áreas del Ejército sudanés (SAF, por sus siglas en inglés) en Méroe, a 436 kilómetros al norte de la capital, y de otra concentración de sus soldados en Al Fashir, la capital del estado de Darfur del Norte.

Los medios de comunicación empezaron a informar sobre algunas discrepancias entre las SAF y las RSF sobre el proceso de integración de las segundas en el primero para formar un solo ejército.

Las RSF eran milicias conocidas como *yanyauid* que operaron en Darfur al servicio de Omar Hassan al Bashir, presidente de Sudán entre 1989 y 2019, para operaciones de limpieza étnica contra las tribus negras de la región. Esta era la acusación por la que el Tribunal Penal Internacional de La Haya había condenado al depuesto presidente. Antes de su caída, Al Bashir dotó de entidad jurídica a las RSF como parte del Ejército para operaciones ordinarias y como parte de los servicios de inteligencia para operaciones extraordinarias, con competencias especiales sobre el control de las fronteras.

Cuando el Ejército depuso a Al Bashir en 2019 por la presión popular, las RSF «traicionaron» a su mentor y se integraron en el nuevo Gobierno de transición. Su líder, Mohamed Hamdan Dagalo, alias Hameidti, fue nombrado vicepresidente del Consejo Militar de Transición, órgano equivalente a la Presidencia de la República, que debía supervisar el proceso de transición. En ese momento, las RSF solo contaban con 20 000 soldados, pero ya controlaban varias minas de oro de Darfur y de Kordofán Occidental.

El Gobierno civil encabezado por el primer ministro, Abdallah Hamdok, comenzó una reforma de los servicios de inteligencia. Estos habían sido responsables de torturas y crímenes inconcebibles en el nuevo Sudán que se quería construir. Se trataba de redefinir su papel y limitarlo a la provisión de información al Gobierno como en cualquier Estado moderno.

El general Abdel Fattah al-Burhan, presidente del Consejo Militar de Transición, encargó la operación de desmantelamiento de los antiguos servicios de inteligencia a las RSF. Estas aprovecharon la ocasión para ocupar los apartamentos, edificios e infraestructuras desde los que antes operaban los miembros de los servicios de inteligencia.

El líder de las RSF, Hameidti, fue encargado también de varias negociaciones con diferentes partes en conflicto en Sudán y representó al país en varias visitas internacionales, incluida una al presidente ruso, Vladímir Putin, en Moscú el 9 de febrero de 2022. El periódico estadounidense *The New York Times* informó de que el sudanés viajó en un avión lleno de lingotes de oro. El poder y la ambición de Hameidti se hacían cada vez más evidentes. La explotación de las minas de oro y uranio bajo su control y otras actividades de las empresas registradas a nombre de diferentes miembros de su familia le permitían aumentar sus ingresos y el volumen de su ejército, que llegó a superar los 100 000 soldados.

El general Abdel Fattah al-Burhan se había ocupado del entrenamiento militar de los soldados de Hameidti en Darfur a principios de siglo. Juntos habían enviado tropas a Yemen para luchar contra los hutíes por encargo de los Gobiernos de Arabia Saudí y los Emiratos Árabes Unidos, país este donde se encuentran las cuentas bancarias de las compañías de Hameidti y sus familiares. Ambos habían orquestado el autogolpe de Estado de octubre de 2021 que acabó con el Gobierno de transición que, a partir de ese momento, debían liderar los civiles. Esta secuencia coincidió con el momento en el que parecía que se estaba preparando la entrega de Al Bashir a La Haya. Seguramente ni Al-Burhan ni Hameidti estaban interesados en que el dictador depuesto declarara. Tampoco estaban en condiciones de tolerar que un gobierno civil pudiera poner en riesgo no solo su impunidad, sino también los grandes intereses económicos que tanto el Ejército como la familia de Hameidti administraban.

A pesar de todo, Hameidti afirmó en público en los últimos meses que aquel autogolpe había sido un error. Empezaba a tomar distancia de su compañero de batallas y a manifestarse abiertamente en favor del componente civil en el proceso de negociación. Es probable también que las plataformas civiles y los Gobiernos occidentales pensaran que las RSF podían ser el aliado necesario para vencer la resistencia a la transición del SAF. En este juego de intereses entraban otras naciones con sus propias agendas.

El conflicto armado empezó en dos escenarios: la ciudad deportiva situada al sur de Jartum y la base militar de Méroe, lugar estratégico para el Ejército, pues allí se encontraban los cazas que podían desequilibrar los combates ya que las RSF no tenían fuerza área. En pocas horas, los soldados de Hameidti ocuparon el palacio presidencial, el aeropuerto

internacional de Jartum y el de Méroe, la sede de la
televisión nacional y rodearon el Cuartel General del
Ejército, donde Al-Burhan resistía al mando del SAF,
que había sido pillado a contrapié. Por otro lado, los
soldados de las RSF, aunque no habían pasado por
una academia militar, estaban mejor curtidos en la
batalla cuerpo a cuerpo por sus recientes experiencias bélicas en este de Libia –junto al ejército de Khalifa Haftar–, en Darfur y en Yemen, donde se habían
enfrentado a los hutíes.

La capital de Sudán, que no había visto la guerra
desde su conquista por parte de Mohamed Ahmed
Al-Mahdi en 1885, se convirtió en el principal esce-
nario de la guerra entre las RSF y el SAF. Según algunos periodistas locales, el plan de Hameidti y sus
hombres era capturar a Al-Burhan y anunciar un nuevo Gobierno civil. La operación incluía la sustitución
del SAF por las RSF, que se constituirían como nuevo
ejército nacional, movimiento para el que contaban
con el apoyo de los Emiratos Árabes Unidos.

Tras haber terminado los exámenes del primer semestre, casi todos los estudiantes del CCST estaban
de vacaciones el 15 de abril. Los del primer curso debían completar las pruebas después de las vacaciones
que se conceden con motivo de la fiesta que marca el
fin del mes de ramadán. Los de Primaria y Secundaria
del CCK tenían clases todavía. En un momento de
aquella mañana se vieron rodeados por el intercambio de disparos, ráfagas de metralleta y bombas entre
los dos bandos, que intentaban apoderarse del palacio presidencial, situado a unos 800 metros al norte
del College.

Al principio, alumnos y profesores no sabían qué pasaba. Todos tuvieron que tirarse debajo de los pupitres.

A lo largo del día, muchos padres y familiares se arriesgaron a acercarse hasta el centro para llevarse a casa a sus hijos, pero al final de la jornada todavía quedaban 290 alumnos en las dos escuelas. Ni los dos misioneros combonianos que estaban allí ni los profesores dejaron que nadie se fuera a casa por su cuenta, así que tuvieron que pasar la noche en el centro. Hubo que improvisar una papilla con harina y huevos y llevar a los alumnos a la zona subterránea de la escuela de Secundaria, donde se encuentran la biblioteca y la imprenta, para estar más seguros y protegidos.

Al día siguiente, conseguimos evacuar a los estudiantes y al personal de las dos escuelas y la universidad. Algunos tuvieron que caminar durante diez kilómetros por toda la ciudad hasta encontrar un medio de transporte.

Tres misioneros combonianos, los padres Bonifacio Apaap Autentico, filipino; José Jeremias Salvador, mozambiqueño, y Yousif William, sudanés, junto con el párroco de la catedral, P. William Deng, se quedaron en el sótano de la casa durante nueve días de interminable intercambio de balas y bombas.

Era tal la violencia de los enfrentamientos que no conseguían asomar la cabeza ni siquiera a través de los tragaluces del sótano para identificar al bando que ocupaba su calle, que llevaba al palacio presidencial. Yo mismo desde España, adonde había viajado dos días antes del inicio del conflicto, conseguía más información que ellos a través de otras personas, las redes sociales o los canales de televisión con presencia en el terreno, como Al-Jazeera TV o Al-Hadath.

En un momento de silencio, subieron al primer piso de la casa y cogieron los colchones de las habitaciones, el altar de la capilla comunitaria y lo necesario para poder celebrar la eucaristía en el sótano. Eran unas misas muy especiales donde la voz del sacerdote no se alternaba con la del coro, sino con el ruido de los combates.

La situación se hacía insostenible, por lo que en un momento de tregua salieron de su refugio y atravesaron a pie el Nilo Azul hasta la vecina Omdurman, donde les esperaban los hermanos de otra comunidad comboniana.

El primer gran éxodo

En la comunidad comboniana de Bahri no tenían ni agua ni electricidad, pero gracias a un generador eléctrico alimentado con diésel conseguían sacar agua de un pozo y encender las neveras durante un tiempo para conservar los alimentos. Tampoco allí parecía prudente quedarse. De hecho, todos los vecinos del barrio de Hilla Hamed habían abandonado sus hogares. Los misioneros combonianos y las hermanas de la Caridad de Jean Antide eran los únicos que resistían.

El 23 de abril, sobre las 10 de la mañana, una bomba cayó en la fachada sur de la casa, junto a la sacristía de la iglesia. No se sabe muy bien si la lanzó uno de los aviones del SAF que atacaba una base de las RSF situada a unos 300 metros de la casa o las defensas antiaéreas de estas últimas. Se desencadenó un fuego en la zona del impacto que, ante la falta de agua, tuvieron que apagar con arena.

Junto a los combonianos estaban varios profesores extranjeros del CCST que habían llegado hasta allí desde Bahri Al-Amlak, el barrio en el que vivían. Francisco, el profesor de español enviado por la AECID; Geraldine, misionera irlandesa del Camino Neocatecumenal y directora del Departamento de Enfermería; Isabel, portuguesa y también misionera del Camino Neocatecumenal, y Wisdom Asongaga, sursudanesa y directora del Departamento de Tecnología de la Información, llevaban sin agua y electricidad desde el inicio del conflicto. El muro de la casa ya tenía varios impactos causados por los proyectiles. El 20 de abril, jueves, en un momento de cierta calma, cruzaron la distancia que une las dos casas a través de una zona controlada por los soldados de las RSF.

Tres días después, tras el estallido de la bomba junto a la sacristía, decidieron salir de allí junto con las hermanas de la Caridad de Jean Antide. Improvisaron unas banderas blancas con los palos de las mosquiteras y las sábanas. Salieron en tres coches muy despacio y con las ventanillas bajadas para ser fácilmente identificados por los soldados de las RSF apostados a lo largo de la calle Al-Said Ali, que comunica Bahri con el puente de Shambat, que atraviesa el río Nilo, ya unificado, y lleva a la ciudad de Omdurman.

Fue un trayecto extremadamente tenso pues era difícil predecir la reacción de los soldados de las RSF. Estos habían disparado contra el doctor Antonios Hanalla, amigo de los combonianos, cuando salió con su padre unos días antes, y no dudaban en detener vehículos y obligar a los propietarios a bajarse de ellos para entregárselos. Algunos que se resistieron murieron tiroteados. Otro motivo adicional de tensión era el hecho de que el P. Lorenzo Baccin, siendo ecónomo provincial, había distribuido bolsas con dinero de las escuelas y la Provincia entre los tres coches.

La caravana llegó a su destino, la comunidad comboniana de Masalma, en el centro de Omdurman. Desde allí, el párroco, P. Salvatore Marrone, llevó a los tres profesores extranjeros y al P. José Javier Parladé, misionero comboniano español de 81 años, hasta el punto de encuentro del convoy italiano que se debía dirigir a la base militar del SAF, situada en Wadi Sayyedna, a 20 kilómetros al norte de Omdurman, desde donde partían los vuelos de evacuación.

La mayor parte de los estudiantes y del personal de nacionalidad sursudanesa se dirigieron hacia la frontera con Sudán del Sur y luego a Yoda, ya dentro del país, donde esperaban un vuelo que les pudiera llevar hasta Yuba, su capital.

Algunos sudaneses que tenían familiares fuera de la capital, tanto alumnos como personal del centro, huían a las regiones de origen de sus antepasados. En la primera ola de desplazamientos, otros prefirieron atravesar la frontera con Egipto, donde algunos tuvieron que esperar hasta ocho días para atravesarla debido a la ingente cantidad de personas que se acumuló en la localidad fronteriza de Halfa. Muchos se abandonaron a las redes de tráfico de personas para llegar a tierras faraónicas una vez que el Gobierno egipcio decidió cerrar las fronteras a los ciudadanos sudaneses. Otros se quedaron en localidades del norte como Port Sudan, Berber, Atbara o Wad Medani. También hubo quien decidió intentar resistir en zonas de Jartum, Bahri y Omdurman pensando que la guerra no dudaría demasiado o preocupados por el futuro de sus hogares que, abandonados, serían fácilmente saqueados u ocupados. Todos nos preguntábamos cuánto iba a durar esta guerra y cómo sería la vida después. Nos costaba aceptar que podía prolongarse un año... o varios.

La doctora Nahla Gafer hizo un detallado relato de lo que supuso aquel 15 de abril de 2023:

A partir de ese momento, nuestras vidas cambiaron 180 grados. Todos los programas que tenía fueron cancelados y los planes de futuro cercano se disolvieron como el polvo que se lleva el viento. Estalló una guerra sobre nuestras cabezas y no teníamos nada que decir ni derecho a preguntar.

Cuando el conflicto entre el Ejército (SAF) y los paramilitares (RSF) estalló, corrimos a la planta baja del edificio para evitar los efectos de los bombardeos y los tiroteos e intentamos verificar a través de WhatsApp si nuestros parientes y amigos estaban sanos y salvos.

Muchas personas quedaron bloqueadas en medio de Jartum en sus puestos de trabajo o estudio: sin comida, sin una cama, sin silencio por la noche y sin batería en los móviles. No había transporte y ni siquiera se podía asomar la cabeza por la puerta o la ventana para ver lo que pasaba.

Por suerte, hasta el tercer día no tuvimos cortes de luz. Empecé a llenar todos los recipientes con agua, has-

ta que se cortó el suministro. Mis dos hijos y yo teníamos que comer en la sartén en la que cocinábamos para reducir los utensilios que había que lavar y reciclábamos el agua usada para el inodoro.

Cada uno preparamos una bolsa con nuestros documentos principales y algunos artículos personales esenciales. Lancé una mirada hacia todo lo que me pertenecía en aquel apartamento, que había sido mi casa durante tantos años. Recordé dónde, cuándo y por qué obtuve cada objeto, cuánto sudé para lograrlos y me di cuenta de que podría tener que dejarlos para no volverlos a ver.

Comencé a recibir algunos mensajes de texto de mis pacientes. Algunos tenían cita para seguimiento del dolor y prescripción de fármacos, otros debían comenzar su tratamiento de quimioterapia. A todos les tuve que responder: «Lo siento, mañana no trabajamos y no sabemos cuándo volveremos».

El 19 de abril nos decidimos a dejar nuestra casa aprovechando una breve tregua de tres horas puesto que nuestro hogar se podía convertir en una trampa. Preparamos nuestras maletas, cruzamos la puerta dejando atrás nuestro mundo y comenzamos a caminar por las calles, desiertas en ese momento. Tras el estruendo de los bombardeos, estar sola en una calle sin un solo ruido, ni siquiera el canto de un pájaro, puede ser una experiencia espantosa. Es como moverse en la oscuridad sin saber lo que puede venir después.

Llegamos a la carretera principal, listos para correr en caso de que viéramos algún vehículo militar del Ejército, pues los que nos rodeaban era de las RSF. Tras tomar diversos medios de transporte y caminar durante horas, llegamos a nuestro primer destino, la casa de un colega en las afueras de Jartum. Estábamos en un barrio mucho más tranquilo, pero sin electricidad ni agua durante los últimos tres días. Esta se compraba al dueño de un burro, que la transportaba en un carro con una cisterna.

El agua no debía de ser muy buena porque enseguida tuvimos gastroenteritis. Las provisiones de alimentos de la generosa familia que nos acogió empezaron a escasear, no había conexión a Internet y continuábamos oyendo tiroteos. Los enfrentamientos se estaban extendiendo hacia esta parte de la ciudad, por lo que nos tuvimos que poner de nuevo en movimiento.

En el camino nos encontramos restos de cadáveres y vehículos del Ejército volcados y quemados. La zona estaba ocupada por los soldados de las RSF que detenían cada coche para verificar si había miembros del SAF.

Llegamos a nuestro segundo destino y durante un par de días nos pareció vivir en el paraíso. Estábamos en un edificio de cuatro pisos con enormes reservas de agua, comida y buena conexión a Internet. Con nosotros estaba también Mahasin, enfermera colega del Instituto Oncológico de Jartum. Empezamos a contactar con los pacientes a los que se suponía que íbamos a visitar en sus casas. Charlamos con cuatro de ellos y con sus familias. Incluso hicimos videollamadas para examinar a algunos de ellos.

Desafortunadamente, en la noche del tercer día reaparecieron los disparos. Sonaban muy cercanos. Uno de los pacientes a los que seguíamos mencionó que se iba fuera de Jartum. Inmediatamente le pregunté:

–¿Cómo lo vas a hacer?

—*Hemos alquilado una furgoneta.*

—*¿Podemos viajar con vosotros? Somos cuatro.*

Tras consultarlo, me llamó y me confirmó que podíamos ir con ellos. Le envié el precio del billete a través de una aplicación bancaria.

Las primeras horas de viaje fueron muy tensas pues una banda de ladrones a los que habían soltado de una de las cárceles de Omdurman había atacado a la furgoneta que marchaba antes que nosotros y degollado al conductor. Pero llegamos a la casa rural de mi paciente y salvador. Se trataba de un pueblo aislado donde los lazos sociales son fuertes y la gente es directa y sencilla. La casa tenía paredes altas hechas de barro, por lo que era bastante fresca.

Algunos días más tarde supe que una vivienda cercana a nuestro apartamento en Jartum había sido destruida por los bombardeos y que tres miembros de la familia habían muerto en el acto.

El personal del CCST y el CCK, los estudiantes y sus familias pasaron por odiseas semejantes.

Las consecuencias

La guerra generó una ola de destrucción que afectó a todos los estratos de la sociedad y que jamás había sido vista en la capital sudanesa. Un joven graduado del CCK, Nagi Makram Ishak, había creado Mac Namir, una cadena de farmacias en la capital que fue totalmente destruida. Las RSF robaron 40 coches de la empresa.

Nour Al-Din, arquitecto y uno de los fundadores del CCST, fue atacado en su propia casa por otro grupo de las RSF que, tras saquear su hogar, le disparó en un pie. Su hijo pudo evacuarlo a Wad Medani. La familia se refugió después en El Cairo.

Karmel Gabriel, administrativa del Departamento de Formación Continua, estaba en casa con su madre y dos hermanos a pesar de que los vecinos habían abandonado el edificio. Era ya tarde y desde la ventana de su apartamento pudo ver cómo una patrulla de ocho soldados de las RSF detenía a un hombre y le pedía las llaves de su coche. El conductor se resistió a entregárselas y fue asesinado en el acto. A continuación, los soldados entraron en el edificio de Karmel y reventaron la puerta de cada apartamento, empezando desde el bajo. Iban registrando cada casa buscando oro o dinero. Karmel los oía y sabía que a ellos también les llegaría el turno. La tensión crecía a medida que el ruido se hacía más cercano.

Al final, derribaron su puerta y se encontraron con una sorpresa. Aquel apartamento no estaba vacío:

–¿¡Qué hacéis aquí!? –gritaron a sus ocupantes.

Estos respondieron.

–Vivimos aquí.

–¿Y no sabéis que hay una guerra y que todos los vecinos han dejado el barrio?

–Sí, pero nosotros no tenemos adónde ir.

–¿No tenéis familiares en Méroe, Medani o Port Sudan? ¿De dónde sois?

–Somos de Sudán del Sur. No tenemos a nadie en Sudán.

–¿No tenéis nada que ver con el Ejército?

—No, somos sursudaneses —repitieron Karmel y sus hermanos.

—¡Fuera! Tenéis que iros.

—Dejadnos al menos coger nuestros pasaportes.

La patrulla accedió. Karmel y su familia, con el corazón encogido, pudieron recoger algunos documentos personales y salir de su hogar hacia lo desconocido. Con muchas dificultades llegaron hasta Yuba. Desde allí, Karmel viajó a El Cairo, donde me encontré con ella el 4 de agosto. Ya había encontrado trabajo dando clases particulares.

Otra de las víctimas de la guerra fue el doctor Bushra Ibnouf Suleiman, el estudiante más brillante de cuantos finalizaron Secundaria en el CCK en 1991. Enseñó en la Sisters School-Khartoum y estudió Medicina en la universidad de la capital sudanesa. Desde sus tiempos como alumno se distinguió como un líder en todos los sentidos. Bushra ejemplificó los valores de la disciplina, la dedicación y el servicio a la comunidad. Para él, la vida consistía en devolver lo recibido.

En 2017, tras regresar a Jartum procedente de Estados Unidos, este médico estableció una oficina de la Asociación Médica Estadounidense de Sudán (SAMA, por sus siglas en inglés). Antes de la pandemia de coronavirus, SAMA llevó a Sudán a cirujanos de Estados Unidos y de otros países para realizar más de 110 cirugías craneofaciales y plásticas y 45 cirugías cardíacas en pacientes de clases desfavorecidas. Bushra organizó la planificación y la logística de todas las misiones médicas y se aseguró de que estas transcurrieran sin problemas, se atendiera a los pacientes adecuados y que los equipos médicos visitantes tuvieran una excelente experiencia en el país.

Bajo su liderazgo, SAMA envió con éxito cinco contenedores con suministros médicos vitales desde Estados Unidos a hospitales del sector público en Sudán valorados en 2,3 millones de dólares. Cuando la segunda ola del coronavirus estaba en su apogeo en Jartum, Bushra se encargó de asegurarse de que todos los suministros se distribuyeran con eficacia y terminaran en las manos adecuadas.

El doctor, que en el pasado se movía entre Iowa y Sudán, se estableció en la capital de su país para cuidar de sus padres ancianos, a la vez que impartía docencia en la Universidad de Jartum. Tras el estallido de la guerra, se dedicó a tratar a los heridos. Él y otros médicos se aventuraban a salir cuando las explosiones y los disparos sacudían la ciudad. Antes de morir escribió a sus amigos: «No nos pasará nada, excepto lo que Dios ha decretado para nosotros. En Dios pongan los creyentes su confianza». Pero no fue una bala pérdida la que acabó con él el 25 de abril de 2023. Mientras salía para llevar a su padre a una cita médica en un momento de tregua, una banda de maleantes que se aprovechaba del desorden reinante lo rodeó y lo mató a puñaladas al lado de su familia.

Reabrimos en Port Sudan

En junio de 2023, después de encajar el golpe que supuso la guerra y tener al personal y a los estudiantes reubicados en lugares que ellos consideraban seguros, comenzamos a preparar el segundo semestre *online*. Teníamos como referencia la breve experiencia de la pandemia del coronavirus.

El 26 de julio yo tenía que entrar a Sudán por la ciudad de Port Sudan, con escala en Dubái. El Gobierno del país había prohibido la entrada de extranjeros, incluso con un permiso de residencia todavía válido, como era el mío, a menos que tuvieran una autorización especial de la Dirección de Extranjería en Port Sudan que, en la práctica, se había convertido en la nueva capital del país.

Tras unos días de espera en la comunidad de las misioneras combonianas en Dubái, mientras mis hermanos en Port Sudan intentaban conseguir la autorización, tuvimos que asumir la imposibilidad de entrar en el país. Me vi obligado a dirigirme a El Cairo, que para los combonianos es parte de la misma provincia que Sudán. Desde allí continuamos administrando la universidad y preparando nuestros cursos a distancia.

Sin embargo, el 13 de agosto, tras una reunión del Consejo de Ministros, el responsable de la cartera de Universidades e Investigación Científica decretó la suspensión de las actividades académicas en todas las universidades sudanesas. La decisión significaba dejar sin trabajo a cientos de profesores y sin estudios a millares de alumnos. La medida, de carácter temporal, se extendería en principio hasta mediados de octubre. Sin embargo, nosotros nos preguntábamos si la suspensión se alargaría hasta el final de la guerra.

Esta incertidumbre me llevó a programar un viaje a Yuba, la capital de Sudán del Sur, para evaluar la posibilidad de abrir unas oficinas en esa ciudad desde donde poder administrar nuestros cursos *online*, quizás con la acreditación del Ministerio de Universidades sursudanés, a quien podríamos presentar nuevos programas de máster en línea en colaboración con la Universidad Internacional de La Rioja. El viaje tenía también como objetivo involucrar a la Universidad Católica de Sudán del Sur y al St. Mary's College en un proyecto Erasmus coordinado por la UPV que debía ayudarnos a continuar la actividad académica en medio de las situaciones de inestabilidad que, con demasiada frecuencia, se repiten en Sudán y Sudán del Sur.

El 29 de agosto me reuní con graduados y estudiantes refugiados en El Cairo. Repasamos juntos la presencia de Daniel Comboni y de sus sucesores en Egipto. Ellos también tuvieron que huir de Jartum en 1885 ante la llegada de Mohamed Ahmed Al-Mahdi. Lo que más necesitaba cada uno de los presentes era compartir su historia y dar salida a la angustia producida por tener que dejar su hogar con personas que habían pasado por experiencias semejantes y les podían comprender. El encuentro concluyó con una oración por la paz en Sudán junto a la piedra angular puesta en 1880 por san Daniel Comboni como fundamento de la futura iglesia dedicada al Sagrado Corazón de Jesús.

Mientras tanto, nuestra coordinadora del Grado de Enfermería, Halima Ibrahim Ali, continuaba formando voluntarios en el ámbito de los cuidados paliativos en Wad Medani con la ayuda de Walá Abdalla y de personal del Instituto Oncológico Nacional de esa ciudad.

En contra de los peores augurios, el 7 de octubre el Consejo de Ministros autorizó la reapertura de las actividades académicas a partir del día 15. De inmediato nos reorganizamos para abrir la matriculación *online*, empezando por los programas de naturaleza digital, pues sus estudiantes y docentes están más predispuestos a ello.

El 20 de octubre llegué a Yuba y cuatro días más tarde pude encontrarme con el ministro de Universidades, Gabriel Changson Chang, quien nos sugirió usar nuestros recursos para apoyar a la Universidad Católica de Sudán del Sur. Además, nos pidió ayuda para desarrollar un marco jurídico para la acreditación de programas *online* en el país. Esta petición se convirtió en uno de los objetivos específicos del proyecto Erasmus.

El 28 de octubre me encontré con los estudiantes refugiados en Yuba. ¡Éramos 90 personas!

El viaje sirvió para constatar cómo los graduados del College se había insertado en el mercado laboral de la capital sursudanesa, normalmente en departamentos de tecnología de la información de universidades, hospitales, el aeropuerto, bancos, o empresas de telecomunicaciones.

Gracias a la mediación de Mohamed Ismail, amigo y ex director general de Educación Universitaria Privada de Sudán, el ministro de Universidades escribió una petición a su homólogo del Ministerio del Interior para que me concedieran un visado de entrada al país. De esta manera pude volar a Port Sudan el 26 de noviembre de 2023.

Enseguida empezamos a organizar una oficina dentro de la Comboni Secondary School Port Sudan. El objetivo era la administración de los cursos *online* y la preparación y distribución de certificados académicos a los estudiantes y graduados. Desde allí se debía gestionar también un proyecto financiado por la Agencia Italiana de Cooperación al Desarrollo en colaboración con AISPO.

El proyecto «Ciencias de la Enfermería en el Comboni College: enseñanza inclusiva para minorías cristianas marginadas» debía ser implementado en Wad Medani y constaba de tres ejes de acción: apertura de una oficina del CCST donde los docentes allí desplazados pudieran preparar sus lecciones *online* y los estudiantes pudieran tener un punto de referencia; una clínica especializada en cuidados paliativos gestionada por enfermeros, y la sede del grupo Comboni de voluntarios en cuidados paliativos. La guerra había agravado las condiciones y la dificultad de acceso a centros médicos de miles de personas que sufrían enfermedades crónicas o terminales en sus hogares. La sede de Wad Medani debía ser la base desde la que formar a los voluntarios que prestarían este servicio de acompañamiento a las personas enfermas en la comunidad y a sus familias.

Pero el 15 de diciembre, las RSF atacaron Wad Medani, que teóricamente estaba bien protegida por la Primera División del SAF que, no obstante, se retiró tres días después, dejándola en manos de los hombres de Hameidti. La población de Wad Medani se había duplicado con la llegada de los desplazados del estado de Jartum y superaba los 700 000 habitantes. Allí se habían instalado diversas organizaciones humanitarias con sus almacenes de alimentos y provisiones médicas. Miles de personas se tuvieron que poner en movimiento de nuevo, esta vez hacia la ciudad de Sennar, situada 130 kilómetros al sur de Wad Medani. Los almacenes se convirtieron pronto en objeto de saqueo por parte de los ávidos soldados de las RSF.

La madre de Walá Abdalla no quería abandonar la ciudad. Cuando lograron convencerla fue demasiado tarde. Las RSF habían bloqueado las salidas y puesto a sus ciudadanos en arresto domiciliario. El hermano de Walá fue golpeado por los soldados cuando intentaba buscar un transporte para evacuar a su familia. Tuvo que implorarles que lo dejaran. Sus llantos y gritos tuvieron como recompensa la vida de su hermano, que consiguió volver a casa apoyándose renqueante sobre Walá.

Una noche, Walá Abdalla, bien cubierta con el típico *tub* sudanés, osó salir a pie fuera de la ciudad. Caminó durante unos 20 kilómetros, hasta que se encontró con un camionero al que consiguió convencer, a cambio de 700 000 libras sudanesas, para entrar en la ciudad de Wad Medani y sacar a su familia camuflada como mercancía en el remolque del vehículo. Aunque el miedo a ser descubiertos era inmenso, no consiguió paralizarlos y lograron llegar hasta Sennar.

Una vez asegurado el control de Wad Medani, las RSF se dirigieron hacia Sennar. Pero fueron detenidas por el SAF a 15 kilómetros al norte de la ciudad. En esa operación fue clave la apertura de las compuertas del embalse con el que inundaban ciertas áreas para cultivar caña de azúcar. El agua bloqueó la carretera que unía Wad Medani con Sennar y los soldados de las RSF se convirtieron en una presa fácil para la fuerza aérea del SAF.

A pesar de ello, gran parte de los habitantes de Sennar y de los desplazados de Wad Medani se pusieron en movimiento ante el temor de que las tropas de Al-Burhan no resistieran el empuje de las RSF. Algunos marcharon hacia el oeste, especialmente las personas de origen sursudanés, pues luego podían continuar su éxodo hacia el país de sus antepasados desde Kosti. Otros intentaban dirigirse hacia Gedarif y Kasala, en el este.

Nuestro profesor de Contabilidad, Omer Ibrahim Musa Yousif, fue menos afortunado. Intentó resistir con su familia en la casa familiar en Wad Medani. Las RSF empezaron a secuestrar a jóvenes, a los que ponían en la disyuntiva de unirse a las tropas o pagar un rescate. Omer Ibrahim permaneció como prisionero de las RSF durante 36 días, diez de ellos sin comer.

Dada la imposibilidad de operar en Wad Medani, propusimos al personal del Departamento de Enfermería desplazarse hasta Port Sudan para implementar el proyecto desde esta ciudad situada a orillas del mar Rojo. Halima y Kinda consiguieron llegar el 28 de diciembre y Walá el 30. Kinda era una refugiada etíope de la comunidad tigré. Cuando dejó Jartum no se dirigió a su país de origen, ya que el Gobierno del primer ministro etíope, Abiy Ahmed, estaba enfrentado con el Ejército de su región. Se asentó con su familia en un campo ilegal en las afueras de Gedarif. Se había desplazado a Wad Medani para trabajar como secretaria de la nueva oficina mientras organizaba la evacuación de su familia a Egipto. Su padre quería que ella viajara con ellos. Kinda había estudiado el

Grado de Tecnología de la Información con nosotros en dos etapas. Tras completar dos años detuvo sus estudios para trabajar y financiar así los estudios de sus hermanos menores en el CCK. Cuando retomó su formación, la asumimos como becaria para que realizara sus prácticas profesionales con nosotros. Después de graduarse, la contratamos como secretaria. A su padre no le agradó la idea de que viajara a Wad Medani. Ella le respondió con carácter: «Incluso si el CCST abre una oficina en Darfur viajaría hasta allí». Darfur es la región más occidental del país y sufría con particular crueldad los embates de la guerra.

El 11 de enero se incorporaba al equipo en Port Sudan la asistenta para Asuntos Académicos, Rogaia Karameldin, que se ocuparía de preparar certificados para los estudiantes y gestionar la organización de los exámenes.

La violencia y las tensiones vividas en primera persona o por sus seres queridos habían dejado huella en cada miembro del equipo.

Una de ellas escuchaba voces que no sabía si venían del exterior o de su propia imaginación tras ocho meses encerrada en casa. Su zona había quedado bajo control de las RSF, pero era atacada por el SAF periódicamente. Había llegado a Port Sudan desde Omdurman tras innumerables noches sin dormir y con síntomas de trastorno por estrés postraumático.

La prioridad era recuperar la salud de todos los miembros del equipo, lo que fue posible tras cuatro días de descanso y la ayuda de algún fármaco, además de muchas horas de conversación y escucha en las que pudieron compartir casi todo lo vivido.

Port Sudan parecía un lugar seguro... por el momento, pero todos los miembro del equipo tenían familiares en zonas amenazadas por el conflicto. El marido de Halima se encontraba todavía en Wad Medani ya que no quiso abandonar el hogar. Le sobrevino un ataque de malaria y no tenía las medicinas necesarias para curarse. Walá tenía a tres hermanas y a varios sobrinos en una localidad cercana a Al-Fau, donde luchaban ambas facciones.

Estas mujeres extraordinarias consiguieron gradualmente organizar la evacuación de sus familiares a lugares seguros y dar inicio a un proyecto que supondría la creación de una clínica totalmente innovadora en el país, gestionada por completo por enfermeras. Además, el centro sanitario se convertiría en una plataforma desde la que coordinar la formación y la acción de decenas de voluntarios en cuidados paliativos.

Choque de visiones

La última semana de febrero de 2024 arrancó con una reunión particularmente significativa en la sede de AISPO en Port Sudan. Por una parte estaban los directores de Medicina Curativa y Atención Primaria del Ministerio de Sanidad del estado del Mar Rojo, y del otro la directora de la oficina de AISPO, Friedablu Dané, y el equipo del College, formado por Halima, Walá y yo mismo.

—Os proponemos un programa de introducción a los cuidados paliativos para el personal del Ministerio.

Nuestro proyecto incluye también la continuidad del Grado de Enfermería con nuestros estudiantes y las prácticas clínicas de los mismos en hospitales de Port Sudan –explicó Halima.

–¿Y quién se lleva los incentivos? –preguntó el director general de Atención Primaria.

–¿A qué incentivos se refiere? –preguntó Halima inocentemente.

–A los incentivos para los facilitadores y para los participantes en los talleres de formación –respondió el director general con vehemencia.

–En nuestros cursos, los alumnos no reciben dinero por participar –añadí.

–¿Cómo? ¿Que los alumnos no reciben dinero por participar en la formación? –intervino aparentemente indignado el director general.

–No solo eso. Ofrecemos un curso completo en cuidados paliativos y los estudiantes deben pagar. La financiación del proyecto nos permite poner unas tasas muy bajas, pero nos parece muy importante que los alumnos contribuyan pues se trata de crear una iniciativa autosostenible que no dependa de la ayuda de proyectos –expliqué.

–La situación económica es muy mala –dijo el director general.

–Sí, es verdad, pero desviar dinero de un proyecto para los alumnos no es la solución –insistí.

La cuestión era que en los talleres de formación promovidos por organizaciones internacionales, los participantes normalmente recibían un incentivo económico, e imagino que sus superiores inmediatos otro un poco más alto.

–He practicado los cuidados paliativos con decenas de personas sin recibir ninguna compensación económica. Y pago por cursos para desarrollarme profesionalmente –apuntaló Halima.

–¿Y de qué vives? –inquirió con un tono burlón el director general.

–Trabajaba en el Instituto Nacional del Cáncer y en el Comboni College, por lo que recibía mi salario por estas dos actividades.

La lógica de la gratuidad y del servicio a los pacientes con enfermedades crónicas y terminales parecía lejana de los esquemas mentales del responsable ministerial, que insistía en la necesidad de ofrecer algún estímulo económico a los alumnos.

–Sin incentivos no tendréis a nadie en vuestros talleres o cursos –sentenció con rabia el director.

Dos días después, el 28 de febrero, el equipo de Enfermería del College presentaba una sesión de introducción a los cuidados paliativos en el hospital Príncipe Osman Digna. La sala estaba abarrotada con médicos, enfermeros, el psicólogo, el farmacéutico... Ninguno había recibido nada por participar en la sesión. Simplemente querían aprender.

Una lógica semejante nos animaba en las actividades de los voluntarios en cuidados paliativos y en la clínica-hospicio. Pretendíamos que estos acudieran motivados por la misericordia que lleva a empatizar con el dolor de la persona sufriente. Al mismo tiempo, había que construir la autosostenibilidad del servicio, que comportaba algunos gastos.

La directora general del Ministerio de Salud del estado del Mar Rojo y el Ministerio de Universidades e Investigación Científica autorizaron nuestras actividades a finales de enero de 2024.

El 6 de marzo tuvimos una reunión con la ministra de Sanidad del estado del Mar Rojo, la directora de Planificación y el director de Medicina Curativa. En la misma, intenté explicar que veníamos con un espíritu de servicio a la comunidad y el deseo de contribuir al desarrollo profesional del personal del Ministerio. La ministra, Ahlam Abdel Rasul, se mostró como una persona inteligente y abierta que recibió con gusto nuestra presencia.

Nuestro deseo de contribuir al desarrollo profesional de los trabajadores sanitarios del estado del Mar Rojo se vio facilitado por la embajada india, que disponía de un fondo para becas que no había sido utilizado a causa de la guerra. Esa misma noche me reuní con el cónsul de la India y le propuse un plan para usar parte de estos fondos para cualificar, además de al personal del College, a médicos locales en técnicas en las que no había profesionales capacitados, como la laparoscopia. La embajada estaba también dispuesta a donar medicinas que no había en Port Sudan. Wad Medani no solo era el granero de Sudán, sino también la ciudad en la que manufacturaban sus medicamentos las principales compañías sudanesas. Por tanto, la invasión de este enclave había cerrado también el grifo de la provisión de medicinas al resto del país.

Algunos de esos principios, particularmente necesarios para aliviar el dolor de los pacientes que trataban nuestros voluntarios y profesionales de cuidados paliativos, eran la morfina y el tramadol. Muchos médicos sudaneses no los recetaban porque consideraban que soportar el dolor era parte de los deberes del buen musulmán en cuyo destino Dios había decretado la enfermedad. En otros casos, el hecho de ser derivados del opio los llevaba a ser considerados como drogas prohibidas. La consecuencia, en cualquier caso, era que había que soportar el dolor. Al mismo tiempo, algunos cargamentos de medicinas u otros bienes eran requisados por los dos bandos para su propio uso.

El desafío que teníamos consistía en aliviar el dolor de los pacientes que estaban sufriendo, garantizar ante el Ministerio de Salud el uso adecuado de estos analgésicos y, por último, protegerlos para que llegaran a las personas que realmente los necesitaban. Por estos motivos, diseñamos una estrategia que involucraba al Ministerio de Salud, la farmacia del Centro Oncológico de Port Sudan, el Gobierno de la India y el Comboni College.

Volvemos a ver a los estudiantes

El 20 de abril de 2024 empezamos los exámenes finales del curso académico 2022-2023, que se había visto interrumpido por la guerra. Los estudiantes podían hacer el examen *online* o en cualquiera de las tres sedes físicas que habilitamos para ello: la Universidad Católica de Sudán del Sur, en Yuba; la Escuela de la Sagrada Familia, en Helwan; o la Comboni Secondary School Port Sudan. Para los que optaran por realizar la prueba a través de Internet, nuestro equipo de Tecnología de la Información había desarrollado un elaborado protocolo para exámenes que debían completar con sus teléfonos móviles a través de una plataforma de enseñanza a distancia. La mayor parte de nuestros estudiantes no habían podido desplazarse desde sus antiguos hogares en Jartum con un ordenador portátil.

Una de las estudiantes del Grado de Lengua y Literatura Inglesa, Imán, se presentó en Port Sudan tras cuatro días de viaje desde El Obeid. Esta ciudad estaba bajo control del SAF, pero rodeada por las RSF. Para salir, Imán tuvo que encontrar un medio de transporte que, a través de una pista por el desierto, la llevase 300 kilómetros hacia el este hasta la ciudad de Al-Dueim. Desde allí viajó hasta Rabak, a 135 kilómetros al sur. Desde Rabak continuó hacia el este hasta la ciudad de Sennar, y desde Sennar hasta Gedarif por otra pista para evitar la ciudad de Wad Medani. La siguiente estación fue Kasala y la última Port Sudan. Tras haber recorrido 1 600 kilómetros, Imán llegó a las cinco de la mañana y a las ocho estaba en nuestra sede para el examen.

Poco a poco, y en medio de graves dificultades, fuimos dando pasos. El 5 de mayo recibimos a 23 estudiantes del primer año del Grado de Enfermería. Tras estudiar la teoría *online*, debían completar su formación práctica en hospitales de Port Sudan y en el nuevo laboratorio de habilidades de enfermería que habíamos preparado en la ciudad gracias a los donativos de los familiares y amigos del difunto Anthony Haggar, miembro del Consejo de Administración del College, y a la financiación del proyecto con AISPO. Los estudiantes venían desde donde se habían refugiado con sus familias tras haber dejado sus hogares en el estado de Jartum: El Obeid, Wad Medani, Kasala,

Méroe, Dongola y Gedarif. Solo una estudiante vivía en Port Sudan. Tras un único trimestre de estudio con nosotros en Jartum, ya estaba trabajando en el hospital Príncipe Osman Digna.

Tres días después de la llegada de nuestros estudiantes, los combates se recrudecieron alrededor de El Obeid. Saida, una enfermera a la que habíamos formado en Jartum, no consiguió salir de la ciudad para llegar hasta Port Sudan. Esta situación nos llevó a cuestionarnos si nuestros estudiantes conseguirían volver a El Obeid tras su período de prácticas clínicas en la ciudad costera.

La capacidad de los estudiantes que realizaron sus prácticas de enfermería en un ambulatorio del barrio periférico de Philip y en el hospital Príncipe Osman Digna no pasó desapercibida. Como la necesidad de los centros de salud era apremiante, a algunos de ellos les ofrecieron trabajo a pesar de ser estudiantes.

Sus conocimientos y nuestros esfuerzos para formar personal local fueron también apreciados por los líderes locales de la comunidad beya, que nos convocaron a una reunión para expresarnos su agradecimiento y ofrecernos su colaboración.

En uno de los últimos días de exámenes, uno de los estudiantes de Enfermería escribió su nombre de usuario y su contraseña sobre uno de los nuevos taburetes que habíamos comprado para equipar el laboratorio. Luego los tachó con bolígrafo azul. Lo descubrimos por la tarde, cuando ya se habían ido. En el grupo de WhatsApp de los estudiantes anunciamos que si no aparecía el responsable, el examen del día siguiente no tendría lugar.

Robel llegó el día siguiente media hora antes que los demás. Se presentó en la oficina para aclarar que él había sido el autor y quien debía asumir las consecuencias de la acción. Robel fue castigado a limpiar el taburete y una de las oficinas del Departamento de Enfermería.

Después del examen se afanó en dejar el taburete como estaba. Cuando empezaba a limpiar el resto, todos sus compañeros vinieron a ayudarle y no solo limpiaron la oficina, sino todo el laboratorio. Este gesto y otros dan una idea de cómo las dificultades y el tiempo pasado juntos habían unido a este grupo de estudiantes.

El último día de exámenes llevamos a los estudiantes a la playa. Uno de ellos recibió una llamada desde la localidad de Sinya. Las Fuerzas de Apoyo Rápido habían entrado en su casa y robado las pertenencias de más valor. Las lágrimas afloraron en sus ojos. Sus compañeros habían seguido la conversación telefónica en silencio. Cuando lo vieron llorar empezaron a cantar para animarlo. Algunos de los estudiantes no volvieron al lugar del que partieron pues no era seguro y encontraron un nuevo hogar entre otros familiares en Port Sudan.

Una conclusión provisional

La fórmula del Grado de Enfermería, donde se integra la formación teórica *online* con la formación práctica en la nueva sede en Port Sudan, parece la dirección a seguir para los próximos años, una vez que se evidencia con más claridad que el conflicto bélico se extenderá en el tiempo y que el país ha quedado dividido en zonas bajo control de cada uno de los ejércitos. En las dominadas por las tropas de Al-Burhan es posible trabajar, pues hay una cierta estabilidad y una administración que funciona. No es posible, en cambio, en las áreas bajo control de los hombres de Hameidti o en las zonas todavía en disputa, como el estado de Jartum.

La presencia física de nuestro equipo de enfermería nos permite interaccionar con la comunidad local y responder a algunas de sus necesidades en el ámbito sanitario. El 15 de junio se graduaron 71 voluntarios del grupo de cuidados paliativos tras su formación. Su número, después de pocos meses de trabajo, llega ya a 103. Mientras, 187 profesionales de la salud del sistema local se han beneficiado de nuestra formación en el mismo período de tiempo y el número de estudiantes de Enfermería crece cada semestre.

La necesidad de alquilar un alojamiento para nuestros estudiantes nos pone en contacto con los vecinos, que los han acogido como a sus propios hijos. Esta nueva situación nos hace retroceder en el tiempo a la época en la que el Comboni College acogía en su residencia de estudiantes a jóvenes provenientes de todo el país.

El trabajo del equipo informático hace posible que sigamos desarrollando nuestra transición digital. Esta incluye la necesidad de crear una biblioteca digital y la figura del tutor virtual para apoyar a nuestros alumnos, particularmente a los que tienen menos competencias digitales.

Todo ello requiere una estructura física muy sencilla, compuesta por un laboratorio de informática, un laboratorio de habilidades de enfermería, una sala de estudio para los alumnos que viven en Port Sudan, otra para talleres o conferencias y algunas oficinas.

Con estos instrumentos, el CCST continuará educando a decenas de jóvenes sudaneses y transformando la sociedad que nos acoge a través de la misericordia de los voluntarios formados en el ámbito de los cuidados paliativos.